¿Soy Codependiente? Y, ¿qué hago al respecto?

Preguntas y Soluciones para Relaciones Codependientes con y sin Abuso de Sustancias

Also by Kara Lawrence

de Controlar, Enfrentarse a Un Narcisista Como Un Empático o Una Persona Muy Sensible

Abuso Invisible - Profunda Recuperación y Sanación de Relaciones Para Empáticos Emocionales y Personas Altamente Sensibles del Narcisismo Pasivo-agresivo, y Síndrome de Abuso Narcisista

Atracción Tóxica: Cómo y Por Qué Los Empáticos Atraen a Los Narcisistas - La Guía de Supervivencia, Recuperación y Límites Para Personas Altamente Sensibles Que Se Sanan del Narcisismo

Índice

Introducción

Adoptar un comportamiento codependiente dentro de tu relación puede comenzar como una simple atracción hacia tu pareja. Puede que quieras tanto a una persona que sólo quieras pasar tiempo con ella. Esto es natural durante la etapa de la luna de miel, pero cuando la codependencia comienza a impactar otras áreas de tu vida, podrías encontrar problemas. Aquellos que son severamente codependientes podrían ser incapaces de hacer las compras por su cuenta. Incluso la simple tarea de prepararse por la mañana puede depender de lo que la otra persona esté haciendo. La codependencia se deriva a menudo de una sensación de inseguridad. Quizás te sentías inseguro de ti mismo antes de la relación, y ahora que estás experimentando este tipo de felicidad, podrías sentir que sólo puedes llegar a este punto con codependencia.

El concepto de codependencia también gira en torno a los límites. Si eres es incapaz de establecer límites, caerás en comportamientos que son moldeados únicamente después de lo que tu pareja prefiere. Aunque no te pidan directamente que actúes de cierta manera, es posible que subconscientemente estés actuando en cosas que claramente sólo les beneficiarán a ellos. La falta de límites también puede llevar a que tu pareja te utilice. Renunciar a esta opción te pone en una posición en la que ya no tienes más opciones para tomar decisiones. Este comportamiento también puede manifestarse de la manera opuesta: puedes sentirte tan codependiente que buscarás el control sobre lo que tu pareja está haciendo. No importa cómo se presente, la codependencia puede volverse insana muy rápidamente.

Es una categoría en la que podrías sentir que no pertenece, pero te sorprenderías de lo común que es que las personas terminen en relaciones de codependencia. Debido a que una relación gira tanto alrededor de tener un vínculo estrecho con tu pareja, puede ser fácil formar estos hábitos codependientes. Si a menudo te encuentras en relaciones que terminan en disfunción, pero no sabes por qué, deberías observar la postura que tomas. ¿Tomas decisiones por ti mismo o prefieres seguir las sugerencias de tu pareja? Alternativamente, ¿intentas tomar el control de una situación antes de que tu pareja tenga la oportunidad de pensar por sí misma? Ambos ejemplos pueden indicar que eres una persona codependiente.

Ser capaz de identificar claramente cualquier signo de que eres codependiente te va a ayudar. Una vez que puedas detectar el problema, estarás un paso más cerca de alcanzar una solución. Las relaciones de codependencia pueden ser reequilibradas, pero se necesita conciencia y esfuerzo en ambas partes. Al trabajar en conjunto con tu pareja, serás capaz de identificar ciertos comportamientos que indican que las cosas podrían estar sesgadas. Puedes analizar la causa raíz de cada uno de ellos para determinar por qué sucede. A partir de ahí, se pueden presentar soluciones. Siempre y cuando seas capaz de trabajar con tu pareja en cada paso del camino, una relación saludable es posible.

Muchas personas reconocen que están en una relación de codependencia, pero la arreglan de la manera equivocada. Aquellos que simplemente intentan cambiar de pareja para encajar en la historia, terminan por permanecer en relaciones malsanas. Tu relación puede ser diferente; al usar métodos que han demostrado mejorar la calidad de las relaciones, puedes solucionar el problema para que no vuelva a ocurrir en el futuro. Cambiar comportamientos seleccionados es sólo una solución temporal. Además, se vuelve injusto si sólo una persona debe cambiar. Una relación equilibrada se basa en el compromiso. La cantidad que das debe ser la cantidad que recibes a cambio.

Tu infancia puede moldear la manera en que funcionas en una relación. Dependiendo de lo que hayas experimentado a medida que crecías, estos rasgos pueden permanecer a medida que llegas a la adultez. El pasado de una persona puede decir mucho sobre sus hábitos en el presente. Si un niño fue abandonado o dejado solo mucho tiempo, tiene sentido que se convierta en un adulto codependiente. Si bien éste es sólo un ejemplo, hay otros que pueden conducir a la codependencia. Los comportamientos que mostramos son a menudo actuados en un ciclo. Si tendemos a ser atraídos hacia la gente que nos usa, puedes esperar los mismos resultados cuando empieces a salir con alguien. Al tomar conciencia de tu codependencia, te estás dando la oportunidad de romper este ciclo y de esforzarte por lograr una relación más saludable.

Estudios han demostrado que aquellos que se esfuerzan por trabajar en sí mismos antes de entrar en relaciones a largo plazo terminan siendo más felices en esas relaciones. Si estás enfrentando inseguridades, esto puede convertirse en una distracción (incluso perjudicial) en tu relación actual. Debes ser capaz de aceptar a la persona que eres antes de que puedas aprender a aceptar a alguien más, incluidos los defectos. Muchos de nosotros tememos estar solos, pero de lo que no nos damos cuenta es de que podemos madurar y hacer que nuestras relaciones futuras sean aún mejores cuando nos tomamos el tiempo para conocernos a nosotros mismos. Una vez que te acostumbres a cuidarte y comprenderte a ti mismo, te encontrarás aplicando los comportamientos hacia tu pareja.

A pesar de la situación actual en la que te encuentras, esta guía tiene la intención de ayudarte a dar el siguiente paso hacia una relación saludable. Al usar las herramientas que se proporcionan, te sentirás como si tuvieras control sobre tu propia vida y tus propias decisiones. Al retroceder y mirar la codependencia desde otra perspectiva, podrías darte cuenta de lo que necesitas cambiar para alcanzar tu máxima felicidad. Aquellos con este conocimiento son capaces de pensar críticamente y actuar en consecuencia. Estas herramientas no sólo te ayudarán en tu relación actual, sino que también te ayudarán a tomar decisiones importantes que tienen la capacidad de moldear el resto de tu vida.

Aquellos que eligen ignorar la codependencia tienden a quedarse atascados en el comportamiento durante mucho tiempo. Cuanto más tiempo estés involucrado en una relación que carece de equilibrio, más difícil se sentirá terminarla o solucionar el problema. Si estás cansado de experimentar relaciones fallidas o conexiones temporales, hacer un cambio va a ser exactamente lo que necesitas. Algunas personas que permanecen atrapadas en la codependencia también pueden experimentar problemas peores, como el abuso de sustancias o incluso convertirse en víctimas del abuso. Hay muchas razones por las que es una decisión inteligente reequilibrar tu nivel de codependencia, pero la principal razón es definitivamente mejorar la calidad de tu vida. Nadie merece estar atrapado en una rutina de miseria, sintiéndose como si no hubiera salida. Siempre hay una manera de hacer un cambio.

Deja de esperar el "momento adecuado" para hacer un cambio, porque el mejor momento es ahora mismo. Al leer esta guía, ya estás en el camino hacia tu primer paso para superar la codependencia y adquirir conocimientos sobre el tema. Después de terminar este libro, debes sentir confianza detrás de cada decisión que tomes. Encontrarás la alegría en tu relación; algunos de ustedes incluso reavivarán la alegría que se sintió originalmente desde el principio de la relación. Es posible liberarse de la codependencia, ¡sin importar en qué situación te encuentres actualmente!

Capítulo 1: Distinguir la Codependencia del Trastorno de Personalidad Dependiente

Cuando estás en una relación, va a haber una tendencia natural hacia la codependencia. Tu pareja es alguien en quien debes confiar y disfrutar estando cerca, así que tiene sentido que quieras pasar mucho tiempo con esa persona. Compartir la responsabilidad de tomar decisiones es una de las mejores partes de estar en una relación, especialmente para aquellos que tienden a luchar con ellas. Tener a alguien contigo puede ser agradable cuando estás navegando por tu vida diaria,

y no hay nada malo en ello. El comportamiento se vuelve codependiente cuando te prohíbe tomar tus propias decisiones. Ya
sea que estés imponiéndote esta restricción para complacer a
tu pareja, o que estés siendo controlado, el comportamiento se
convierte en un problema que puede ser difícil de revertir.

El trastorno de personalidad dependiente, o TPD, es una
enfermedad mental grave. Uno de los principales síntomas del
TPD es la incapacidad de estar solo. Aunque se necesita un profesional para diagnosticar este trastorno, es importante que lo
sepas. El TPD hará que una persona mida su felicidad basándose en otra persona. Si su pareja es infeliz, entonces el individuo siente que también necesita ser infeliz. Incluso cuando los
comportamientos son hirientes, una persona que sufre de TPD
no podrá simplemente alejarse de la relación. No existe el deseo
de expresar ninguna necesidad o deseo personal, y debido a esto, puede surgir ansiedad.

Otros síntomas del TPD son tener problemas con la toma
de decisiones, pasividad en todas las situaciones, no querer permanecer solo durante largos períodos de tiempo y no asumir
la responsabilidad personal de las decisiones. Mucho de esto
probablemente te suene a codependencia. Aunque los dos son
similares, hay algunos detalles que los distinguen. El TPD
ocurre cuando una persona confía en la atención que la otra
persona le proporciona. En la codependencia, una persona ac-
tuará de esta manera debido a un sentido mutuo de necesidad.
Incluso si ninguno de estos casos es cierto dentro de una
relación, ambos pueden llegar a ser perjudiciales para la persona
que experimenta la percepción distorsionada.

Hay ciertos casos en los que el TPD realmente impide que
alguien salga de su casa, incluso si realmente lo desea, simple-

mente porque su pareja también está en casa. Un sentido extremo de necesidad de ser amado está presente en una relación como ésta. Ser capaz de identificar ciertas experiencias de la infancia que han llevado a este punto definitivamente va a ser útil al tratar el TPD. Debido a que es una enfermedad tan intensa, a menudo también está profundamente arraigada en el pasado. Los comportamientos van más allá de *querer* estar con tu pareja todo el tiempo y en su lugar se centran en la *necesidad* de estar con esa persona para poder funcionar en el día a día. Si una persona con TPD no es capaz de lograr esto, entonces podría comenzar a desmoronarse.

La codependencia no es en realidad una condición oficialmente diagnosticable. No se reconoce formalmente en el manual del DSM-V (Manual Diagnóstico y Estadístico de los Trastornos Mentales de la Asociación Americana de Psiquiatría) que los psicólogos usan cuando hacen un diagnóstico. La frase es en realidad bastante informal, y fue usada originalmente al describir la relación abusiva de una persona con el alcohol. Aunque los términos trastorno de personalidad dependiente y codependencia a menudo se usan indistintamente, esto no es correcto. Conoce la diferencia entre los dos antes de decidir con cuál te identificas. Con el primero, sólo un profesional con licencia podrá diagnosticarlo correctamente. Recuerda que una dependencia mutua es lo que realmente separa el trastorno de la conducta.

En las relaciones codependientes, normalmente una persona depende de la otra emocionalmente, mientras que la otra persona actúa como facilitador. Las relaciones de codependencia definitivamente no son unilaterales, y ambas partes tienen que estar dispuestas a aceptar que el comportamiento es perjudicial antes de que puedan hacer cualquier cambio duradero. Para entender mejor las diferencias entre TPD y codependencia, es importante que también investigues las diferencias entre ser dependiente y codependiente:

Dependiente: En una relación de dependencia, existe una relación de mutua colocación en la relación. Mientras que la felicidad puede existir dentro de la relación, también se puede encontrar en otras actividades y personas. Por ejemplo, salir con un amigo debe ser capaz de traerle felicidad a alguien de la misma manera que tu pareja puede hacerlo. Los niveles de comunicación en la relación son equilibrados y abiertos. Si hay un problema, ambas personas deben ser capaces de expresar sus preocupaciones y de trabajar juntos en los asuntos que les conciernen. El sentido de confianza en el otro parece ser mutuo, y ambas personas se sienten felices con la dinámica.

Codependiente: Esta relación se ve diferente. Hay un nivel de afecto involucrado, pero ese afecto es unilateral. Normalmente, sólo una persona valora en gran medida la felicidad de su pareja. También es común que esta persona sea la única que elija hacer cosas que resulten en que su pareja sea feliz. Hay una sensación de desprecio por uno mismo, eligiendo la felicidad del otro por encima de la forma en que se sienten personalmente por dentro. Puede haber sacrificios hechos a expensas de la persona codependiente. Es improbable que esta persona ponga tiempo en cualquier otro interés o relación externa. Todo este tiempo y energía va directamente a su pareja, a menudo disminuyendo quiénes son como persona.

Está claro que estar en una relación de dependencia es la versión saludable de la codependencia. Saber que pones esta confianza mutua el uno en el otro puede ser un gran sentimiento. Piensa en la dinámica de la relación en la que estás. Debería ser claro para ver si el sentimiento es mutuo o no. Si alguna vez sientes que estás haciendo más sacrificios de los que deberías, es importante que hables sobre el tema. Debes sentirte cómodo al acercarte a tu pareja con cualquier cosa que te gustaría discutir. En una relación sana, estos problemas se trabajan juntos para encontrar una solución que los beneficie a ambos mientras arreglan el problema.

Este libro va a cubrir múltiples temas, dos de ellos son la dependencia emocional y la recuperación de la adicción. La dependencia emocional es el rasgo de comportamiento que se encuentra en las relaciones de codependencia, así como en aquellos que sufren de TPD. Tiene la capacidad de transformar a alguien en una persona completamente diferente que sólo elige centrarse en la felicidad de la persona con la que está saliendo. Recuerda, no es algo de lo que debas culparte a ti mismo si te das cuenta de que eres codependiente o estás sufriendo de TPD. Ambas condiciones pueden intensificarse rápidamente. Lo que alguna vez fue una relación sana y equilibrada puede transformarse en algo que es tóxico simplemente porque una persona no es capaz de arreglárselas por sí misma.

Culparte a ti mismo, o incluso a alguien más, no va a solucionar el problema. Esto sólo va a crear tensión. Un truco para resolver problemas dentro de tu relación se encuentra en ser paciente. Debes recordar que la superación de la codependencia requiere paciencia para ti y para la otra persona involucrada. Si sólo pasas por alto los pasos, no vas a crear una solución a largo plazo. Necesitas apuntar a soluciones serias, no temporales. Mucha gente se encuentra atascada porque sólo pueden lograr lo último. Encontrarás fuerza al leer esta guía, y es probable que aprendas cosas sobre ti mismo que nunca antes habías conocido. Saber que está bien estar en una relación comprometida con alguien mientras que también sigues siendo tu propia persona con tus propios intereses.

Es posible volverse adicto a ser codependiente. Esta es otra manera en que el comportamiento puede llegar a ser perjudicial. Por definición, la adicción es la incapacidad física y psicológica de dejar de hacer algo. A su vez, esto puede ser perjudicial para todos los involucrados. Ser adicto a la codependencia es una forma tensa de vivir. La persona siempre se va a sentir como si estuviera nerviosa, esperando para decidir lo que le gustaría hacer basándose en las acciones de otra persona. Si tu pareja decide quedarse en casa, se quedarán en casa. Si tu pareja decide ver televisión, verán televisión. Es una necesidad desesperada de estar en la misma página que tu pareja, pero tanto que en realidad crea una sensación de falsedad.

Por la misma razón por la que cualquier adicto no puede simplemente parar, un individuo codependiente no va a parar a petición de otro. Ser adicto a la codependencia le da a la persona un propósito, y van a sentir como si no pudieran alejarse de este propósito. Para aquellos que son especialmente inseguros, el ser codependientes en realidad puede proporcionar un cierto aumento de la confianza. Todos sabemos que se siente muy bien sentirse necesitado en la vida, y este es el sentimiento exacto al que un individuo codependiente puede llegar a ser adicto. Incluso las relaciones que comienzan sanas tienen el potencial de terminar de esta manera. Las conductas que no se modifican pueden evolucionar hacia conductas codependientes, que luego se convertirán en adictas. Este es un patrón peligroso de permitir. Si te encuentras en una situación como ésta, no es demasiado tarde para obtener ayuda.

Como discutiremos más adelante en este libro, obtener ayuda es una de las cosas más difíciles y mejores que puedes hacer. Poder detenerse y admitir que necesitas ayuda es un acto de verdadero valor. Las adicciones no son fáciles de superar, especialmente cuando se vive con ellas. A diferencia del abuso de sustancias, a lo que eres adicto está disponible a tu alrededor todo el tiempo. La sensación desaparece más rápido porque es algo a lo que tienes acceso constantemente. Cuando eres codependiente y sales con alguien, te enamoras de ellos. A tus ojos, no pueden hacer nada malo. Por eso no se siente como una adicción. Para ti, este es tu nivel normal de afecto.

Otra forma en que la adicción puede presentarse es en forma de abuso de alcohol. Este tipo de adicción puede ocurrir cuando el individuo no está obteniendo lo que desea de la relación. Tal vez actúan como codependientes, pero se dan cuenta de que su pareja no los necesita tanto como ellos. Esto puede crear una ola instantánea de inseguridad para inundar a una persona que está involucrada en la codependencia. Aferrándose a una muleta, la persona que actúa como codependiente se sentirá como si tuvieran algo en lo que siempre pueden confiar. Al elegir beber, están eligiendo tomar control sobre algún aspecto de su vida. Aunque esto no tiene sentido para mucha gente, para el adicto, es la única manera de sentir que tiene algún tipo de control en su propia vida.

Este es otro tema que este libro va a explorar en mayor detalle. Ser capaz de reconocer las señales del alcohol es tan importante como ser capaz de reconocer las señales de codependencia. Muchas veces, los dos pueden ir de la mano. En última instancia, ambos implican recuperar el control y tener un propósito en la vida. Aunque tienen consecuencias desafortunadas, una persona con una personalidad adictiva no va a ser capaz de ver los peligros de este comportamiento. Para ellos, esta es una decisión necesaria para sobrevivir. No van a querer escuchar la lógica cuando ya están metidos en alguna de las dos adicciones. Si tú o alguien que conoces está experimentando esto actualmente, obtener ayuda siempre va a ser la mejor manera de superarlo. Sólo un profesional podrá diagnosticar correctamente la adicción y elaborar un plan de tratamiento.

Capítulo 2: Definición de Codependencia: Los Orígenes y Evoluciones del Término

Para entender plenamente la codependencia, es una buena idea aprender sobre sus orígenes. El programa de Alcohólicos Anónimos fue creado por primera vez en 1936. Es un programa de 12 pasos que se sigue utilizando hasta el día de hoy para tratar la adicción. El programa se basaba en los 12 pasos que ayudarían a un adicto a superar la adicción, centrándose en la adicción propiamente dicha. Antes de la creación de AA, se pensaba que aquellos que eran adictos al alcohol simplemente tenían una falta de autocontrol. La gente veía como una debilidad cuando alguien simplemente no podía dejar de beber. AA cambió la manera en que vemos la adicción. Enseñó a la gente que la adicción es muy real y muy consumidora.

Hacia los años 70, varios proveedores de tratamiento para el alcohol comenzaron a criticar los métodos anticuados de AA. Creían que el programa era demasiado unidimensional para mantener resultados duraderos. Fue después de esto que AA se transformó en un programa que trataba más que sólo la enfermedad. Las relaciones familiares y las dinámicas sociales se tuvieron en cuenta para comprender mejor la enfermedad. Los profesionales vieron que había un gran número de personas que se inclinaban a permanecer con parejas químicamente dependientes a pesar de las dificultades. También se crearon programas para que estas personas ayuden en sus propias luchas personales, así como en las luchas de estar con un adicto. Fue después de esto que los programas pudieron ver una mayor tasa de éxito con menos casos de recaída.

Los programas de tratamiento comenzaron a utilizar el término "dependencia química" para describir tanto las adicciones al alcohol como a las drogas en 1980. Debido a que a menudo tenían más similitudes que diferencias, los programas creían que ésta era una mejor manera de describir ambas. Los programas de drogas estaban siendo refinados para utilizar los mismos 12 pasos que AA usó, pero esta vez, fue con el propósito de tratar las adicciones a las drogas. Todos estos tratamientos pertenecen a la misma categoría de "dependencia química". Decir que alguien era "co-químicamente dependiente" se hizo difícil de expresar. Esta era la forma en que los profesionales definían a los que dependían de una persona quien era químicamente dependiente. Así que, por esa razón, el término fue acortado a "codependencia". Es un término con el que todos estamos familiarizados hoy en día.

En 1984, S. Wegscheider-Cruise, presidente fundador de la Asociación Nacional de Hijos de Alcohólicos, afirmó que una persona puede ser codependiente si: está enamorada o tiene una relación con un alcohólico, tiene uno o más padres involucrados en el alcoholismo, o se crio de una manera en la que las emociones fueron reprimidas. Fue en esa época cuando los centros de tratamiento se dieron cuenta de que también tenían que ofrecer programas para las personas que cumplían con esos criterios. Por definición moderna, el término codependiente puede referirse tanto a la persona que es adicta como a la persona que está involucrada con alguien que es adicto. Hoy en día, tendemos a usarla indistintamente para describir ambas.

Adicto a tu pareja

Es posible formar una adicción a otra persona. Aquellos que se encuentran en esta situación pueden sentir que no pueden funcionar sin su pareja. La codependencia se convierte en su única forma de vida. Al tratar de complacer a esta persona o controlar una relación, el individuo codependiente adquiere un sentido de autoestima. Incluso si, en el fondo, tienen deseos propios, nunca actuarán sobre ellos. Piensan en esto como un sacrificio que nunca se le pidió a la persona que hiciera. Estos comportamientos tienen la capacidad de despojar a una persona de su propia identidad. Así es como puede llegar a ser tan fácil que la codependencia se salga de control. Una simple tendencia puede convertirse en un problema total.

Recuerda, la palabra codependiente significa que ambas partes representan un papel. Es una decisión mutua permanecer en la relación, a pesar de cualquier sentimiento o pensamiento subyacente. La persona que es destructiva continuará con sus maneras a pesar de cualquier daño que cause a su pareja. Ambas personas se necesitan mutuamente para continuar la relación de codependencia. Va a ser una relación que esté llena de disfunciones con otras personas que son espectadores, pero para aquellos en la relación, no verán que algo está mal.

Ambas partes se sienten tan cómodas con lo incómodo que no tendrán deseos de cambiar nada de la dinámica. El individuo disfuncional suele ser el más dominante. Es la persona que va a actuar exactamente como quiere actuar sin considerar las consecuencias de sus acciones. El individuo codependiente va a apoyar a su pareja sin importar qué, incluso cuando su comportamiento es cuestionable o embarazoso. Hay una necesidad imperecedera de estar ahí para su pareja y realmente estar con ellos.

Esta es la evolución más moderna del término codependencia. Cuando se usa, el ejemplo que se da es normalmente el que la gente piensa. Para los espectadores, a menudo puede parecer que el individuo codependiente está atrapado o tiene miedo de abandonar la relación. En el interior, sin embargo, es posible que ni siquiera tengan el deseo de dejar a su pareja. Es una situación complicada de entender cuando no estás en ella. Por eso es importante ser paciente si se conoce a alguien que es codependiente. No es tan simple como levantarse y alejarse, así como no es tan simple para un alcohólico dejar de beber.

Otras relaciones

La codependencia no discrimina. Puede pasarle a cualquiera, joven o viejo. Dependiendo de sus experiencias pasadas, su miedo al abandono variará. Aquellos que han sido abandonados a una edad temprana naturalmente van a tener miedo de esto a medida que crezcan. La manera en que esto es tratado finalmente decide si va a ser perjudicial para la persona o no. Con el asesoramiento adecuado, una persona puede crecer para aprender a vivir sin miedo al abandono. Sin embargo, si no reciben ayuda, puede transformarse en una incapacidad para mantener una relación saludable. Aquellos que son codependientes generalmente han experimentado patrones de codependencia a lo largo de su vida.

Una relación padre/hijo puede llegar a ser codependiente. De la misma manera que se forma una relación de codependencia, los padres y los hijos pueden crear un vínculo que es tóxico. Esto es algo que puede comenzar pronto y luego nunca desaparecer por completo a medida que el niño crece. Como ya se ha dicho, cuanto más se practica algo, más difícil resulta dejar el hábito. Este tipo de relación es perjudicial porque puede causar retrasos en el desarrollo cuando un niño es codependiente de sus padres. El niño puede llegar a ser un adulto incapaz de tomar decisiones e incluso puede negarse a salir de casa por miedo a dejar a sus padres.

En algunos casos, la codependencia puede ocurrir dentro de una relación de amistad o incluso de tipo mentor. Cuando alguien hace algo para ayudarte, este es un punto donde es fácil apegarse a esa persona. Aquellos que experimentan amistades cercanas pueden prosperar de este sentimiento y nunca querrán perderlo. Una amistad codependiente puede parecerse a una en la que la pareja siempre está junta, pero una persona está usando a la otra para su propio beneficio. Recuerda, normalmente hay un individuo codependiente y un individuo disfuncional que se alimenta de tener a alguien en su vida que nunca se irá.

Capítulo 3: 10 Señales de Alerta Críticas de Codependencia

Con la codependencia, hay señales en todas partes. Es posible que no seas capaz de verlas si estás en una relación como ésta, pero pueden ser muy evidentes para otras personas. Considera las siguientes señales de alerta cuando trates de determinar si tu relación es realmente codependiente:

- **Estás Saliendo Con Un Adicto:** Estar con un adicto conlleva un gran sentido de la responsabilidad. Aunque depende de cada persona tomar sus propias decisiones en la vida, también dice mucho

de ti si eliges estar con una persona así. No todo el
mundo que sale con un adicto es automáticamente
codependiente, pero las relaciones tienden a cambiar en esta dirección en poco tiempo. Debido a que
tu pareja tiene un enfoque en algo que es tan destructivo, te conviertes en un facilitador para ellos.
Con tu apoyo, incluso si no estás apoyando directamente la adicción, les estás dando la seguridad que
necesitan para nunca cambiar su forma de ser. Con
una relación de codependencia, la persona con la
adicción no teme a la pérdida. En cambio, es probable que sientan poder al saber que te tienen a ti.

● **Ayudas Más De Lo Necesario:** ¿Te encuentras
desviándote, incluso si es muy inconveniente para ti,
por ayudar a tu pareja? Esto puede ser algo tan simple como conducir al otro lado de la ciudad para ir
a la tienda por ellos, incluso cuando trabajan al otro
lado de la calle. Acciones como ésta son innecesarias
y pueden indicar que se está produciendo una codependencia. Escucha lo que la gente que te rodea está
diciendo. Si has hecho algo similar a esto, es probable que las personas más cercanas a ti se den cuenta.
¿Alguien te ha mencionado que haces mucho más
por tu pareja de lo que deberías? Ten en cuenta estas
palabras.

● **A Menudo Sientes Enojo o Resentimiento:** A
pesar de todo lo que elijas hacer por tu pareja, sentirás una sensación de enojo que te golpea de vez

en cuando. Incluso puedes mencionar lo mucho que haces por esta persona para que se sienta mal por ti, incluso cuando no te pidieron que hicieras estas cosas en primer lugar. La codependencia pone un sentido de urgencia detrás de tus acciones que nadie está imponiendo, excepto tú mismo. Puedes sentir que es tu deber tener todo lo que quiera y necesita, pero luego terminas sintiéndote resentido hacia ellos. Este sentimiento puede llegar a ser abrumador para el individuo codependiente, causando a menudo una lucha interna que te deja en soledad.

● **Te Sientes Responsable de las Acciones de tu Pareja:** Basando tu razonamiento en el hecho de que amas a esta persona, puedes sentir que sus acciones son tu responsabilidad de asumirlas. Un ejemplo de esto sería cuando tu pareja discute con su amigo. Es posible que sientas la necesidad de intervenir y suavizar las cosas para tu pareja porque crees que es tu deber hacerlo. Para ti, todo lo que hace tu pareja tiene un impacto directo en ti de alguna manera. Es posible que sientas la necesidad de cambiar las cosas de su propia vida para ser más complaciente con la forma en que tu pareja actúa.

● **Te Preocupas con Frecuencia por los Problemas de tu Pareja:** Siempre que tu pareja experimente un problema, podrías tender a convertirlo en tu propio problema. Aunque la intención detrás de esta acción es útil, rápidamente puede llegar a ser perjudicial para ti. Ser capaz de dejar ir a tu pareja mientras resuelve sus propios problemas es una parte esencial de no estar en una relación de codependencia. Debes estar disponible para recibir apoyo, pero no para asumir toda la carga de su situación. Esto se vuelve insalubre, y con la codependencia, seguirán poniendo esta carga sobre ti cuando se den cuenta de que estás dispuesto a tomarla.

● **Permites que Ocurra un Comportamiento Hiriente:** El ser despreciado ya no parece ser un gran problema para ti porque probablemente ocurre mucho si estás en una relación codependiente. No te sientes molesto por los insultos o el comportamiento pasivo-agresivo porque secretamente sientes que mereces este trato. Alguien que está tratando de sobrellevar una relación como ésta a menudo deja que el mal comportamiento continúe simplemente porque él o ella no quiere molestar a su pareja de ninguna manera. Prefieren dejarse tratar peor si eso significa que su pareja se sentirá mejor.

● **Estás Afectado por el Estado de Ánimo de tu Pareja:** Puede que estés en un estado de ánimo fantástico por el gran día que habías acabado de tener, pero descubres que tu pareja tuvo un mal día en el trabajo. Todo esto puede cambiar una vez que lo descubras. Es natural sentir empatía hacia tu pareja. Esta es una saludable muestra de afecto, pero cuando tiene la habilidad de descarrilarte completamente de tus propias emociones, entonces se convierte en un problema. Debes ser capaz de apoyar a tu pareja mientras mantienes una postura independiente. El hecho de que él o ella esté de mal humor no significa que tú también necesites estar de mal humor. Puedes sentir que sólo tiene sentido sufrir porque ellos también están sufriendo. Así es como la codependencia puede engañarnos para que cambiemos cuando realmente no queremos hacerlo.

En realidad, algunas personas pueden ser hipersensibles a los estados de ánimo de otros e incluso pueden experimentar estrés absorbente y emociones negativas cuando no lo desean. He escrito un libro complementario sobre este tema titulado "Empath Awakening", escrito por mí misma, Kara Lawrence. En él, puedes encontrar las herramientas para dejar de absorber las emociones hirientes de los demás si te crees muy sensible o empático.

● **Siempre Vocalizas lo que Estás Haciendo:** Tus acciones giran en torno al temor de ser acusado de haber hecho algo malo. Incluso cuando no es necesario, es probable que te encuentres narrando tus acciones a tu pareja con el fin de buscar su aprobación. Muchos de los que están en relaciones codependientes sienten que es el derecho de su pareja tener control sobre cada situación. Al decirle a tu pareja lo que estás haciendo, incluso cuando no te lo piden, esta es tu manera de someterte a sus necesidades. Si algo que haces se convierte en un inconveniente para ellos, es mucho más probable que dejes de hacerlo porque ya estás buscando su aprobación.

● **A Menudo No Se Satisfacen Tus Necesidades:** Satisfacer las necesidades de tu pareja es una prioridad, pero tener las tuyas propias es simplemente una opción. Este es el núcleo de una relación de codependencia. Es posible que te hagas creer que está bien que no se satisfagan tus necesidades, pero en secreto puedes desear que tu pareja fuera más atenta. Debido a que no hay equilibrio dentro de una relación de codependencia, esto sucede con bastante frecuencia. Una persona siempre va a estar deseando que se satisfagan más de sus necesidades, pero probablemente no hará nada para cambiar esto.

● **Minimizas tus Propios Sentimientos:** Incluso si algo que tu pareja hace realmente te molesta, por lo general eres el primero en eliminarlo. Descartar tus sentimientos es algo natural porque esto es lo que tu pareja normalmente te hace. Nada de lo que estás experimentando podría ser un gran problema, al menos eso es lo que tu mentalidad codependiente te dice. Por esta razón, muchos de los individuos que están en esta situación tienden a suprimir mucha negatividad en su interior. Esto permanece dentro como una bomba de tiempo, esperando que algo la active.

Aunque los ejemplos listados arriba no son todas las señales de alerta a las que hay que estar atento, constituyen un grupo central de comportamientos que probablemente encontrarás dentro de una relación de codependencia. Si sientes que puedes relacionarte con esta lista, podría ser necesaria una evaluación de la relación actual en la que te encuentras. Cuando evalúas algo, no es necesario tomar ninguna medida. Trata de no presionarte haciendo un esfuerzo para hacer un cambio drástico dentro de la relación. Una evaluación no es más que una observación crítica. Mientras te enfocas en la dinámica entre tú y tu pareja, realmente trata de analizar cada comportamiento.

Presta atención a cualquier cosa que te provoque una respuesta dentro de ti, esto incluye tanto acciones negativas como positivas. Mucho se puede decir sobre las cosas que te hacen enojar y las cosas que te hacen feliz. Incluso si no actúas en base a estos sentimientos, trata de pensar en lo que los causó. Puede ser difícil identificar una razón al principio porque es probable que estés acostumbrado a agrupar tus sentimientos con los de tu pareja. Piensa en tu evaluación como una entrada de diario en la que sólo tú puedes escribir. Puede ser muy difícil para alguien en un entorno codependiente pensar independientemente, pero es necesario. Haz todo lo posible por ordenar tus sentimientos.

Es probable que te culpes a ti mismo por cada reacción negativa que sientas en tu interior. Trata de romper con esta forma de pensar. Creer que todo es siempre tu culpa coloca una enorme carga sobre ti mismo mientras tratas de ir a través de tu propia vida. Es una dificultad innecesaria que te estás poniendo a ti mismo, todo por la posibilidad de poder hacer feliz a tu pareja de alguna manera. Recuerda, tu felicidad también importa. Eres tan digno de sentir emociones positivas como tu pareja. Para cambiar el ciclo, se debe tener un sentido de amor propio. Es fácil ser duro contigo mismo, pero ¿cómo se siente amarte a ti mismo?

Una vez que hayas hecho tus observaciones, observa cualquier patrón que pueda estar presente. ¿Tus sentimientos son provocados por algo en particular? La mayoría de las relaciones codependientes giran en torno al estado de ánimo o los comportamientos de una persona. Si tu pareja se siente molesta, entonces sientes que debes estar molesta. Si tu pareja quiere salir, entonces sientes que necesitas salir. Actuar de forma codependiente es como renunciar a tu derecho a tomar decisiones. Al basar cada decisión que tomas en tu pareja, puedes renunciar a tu responsabilidad. Es una forma de vivir de manera imperceptible, pero también puede ser fácil ser colocada en un período de infelicidad.

No se aplicarán cambios hasta que seas capaz de reconocer que cierto comportamiento necesita cambiar. Está bien admitir que tu relación es imperfecta; esta es la realidad. La codependencia pone un velo sobre las relaciones, haciendo que el individuo crea que su relación es verdaderamente perfecta. Al ignorar todas las señales de advertencia, en realidad te estás preparando para el fracaso. Una relación romántica sólo puede prosperar con este tipo de energía durante un tiempo antes de que uno de ustedes o ambos se quemen. La codependencia hace que una relación se sienta más como trabajo que como algo agradable. En una relación saludable, ambas partes involucradas deben sentir que están obteniendo algo beneficioso de ella.

Escucha lo que tus seres queridos te están diciendo. Puede ser difícil abrirse a la idea de la crítica, pero cuando viene de alguien que realmente se preocupa por ti, la intención normalmente va a ser la mejor. Escuchar la opinión de un tercero sobre el aspecto de tu relación puede ayudarte realmente a reconocer tus problemas. Alguien de afuera no va a ser tan parcial como tú. Cuando una persona cercana a ti exprese preocupación por tu comportamiento o el de tu pareja, asegúrate de darle la oportunidad de explicar lo que está viendo. La claridad puede terminar sorprendiéndote.

En general, no hay ningún indicio de que estás en una relación codependiente, pero deberías ser capaz de hacerte una idea estudiando las señales. Analiza honestamente tus relaciones y tus propios comportamientos. No hay necesidad de mentirse a ti mismo porque esto no va a solucionar el problema de estar en una relación con el desequilibrio. Tu objetivo es corregirlo aumentando tus propias opiniones y puntos de vista. Debes sentirte lo suficientemente seguro como para expresar libremente tus sentimientos sin dejar de ser un excelente sistema de apoyo para la persona con la que estás. Una gran relación se basa en el afecto mutuo, así que asegúrate de que tú también estás en el extremo receptor. Se vuelve demasiado fácil ignorar tus propios sentimientos cuando estás en una situación de codependencia.

Capítulo 4: Codependencia Con y Sin Abuso de Sustancias

Se ha dicho que la codependencia se originó de aquellos que permiten las adicciones al alcohol de sus parejas. Esta es todavía una causa muy notoria de codependencia hoy en día, creando una situación tan tóxica como siempre. Con cualquier adicción, se vuelve peligroso colocarse en el papel de un facilitador. No importa cuánto ames a tu pareja, no deberías alentar ningún comportamiento que ellos muestren y que en realidad los lleve a consumir. Al dejar que estas cosas sucedan, también los estás permitiendo. No decir nada cuando deciden tomar otra botella es tan malo como poner la botella en su mano. Aunque no es tu labor corregir su adicción, se convierte en tu lugar mantener un sistema de apoyo con el que puedan contar. Hablar contigo debe sentirse como un espacio seguro.

Juegos de Azar

L a adicción se puede ver en muchas formas, y el alcohol sólo representa un porcentaje de la misma. La gente puede ser adicta a varias cosas que todavía pueden resultar en una relación de codependencia. El juego es otra, una adicción que empieza pequeña pero que puede generar consecuencias graves. Incluso cuando no estás en un casino, es tan fácil volverse adicto a los juegos de azar debido a su accesibilidad. Puedes descargar juegos en tu teléfono y computadora que te permiten jugar con gente real y usar dinero real. Alguien que desarrolla una adicción al juego puede empezar con juegos ficticios al principio. Estos juegos servirán para su propósito, pero si el individuo tiene una personalidad adictiva, comenzará a anhelar más.

Este es el punto donde la persona querrá que el juego se vuelva más real, a menudo decidiendo visitar un casino o descargar un juego más realista. Incluso durante esta fase, la adicción puede no estar causando ningún daño. Como pareja de alguien que disfruta de esto, es natural que quieras fomentarlo porque hace feliz a tu pareja. Sin embargo, una adicción al juego puede desarrollarse rápidamente. Las apuestas pequeñas pueden convertirse en grandes, y antes de que te des cuenta, tu pareja estará tomando decisiones arriesgadas que ponen en riesgo tu bienestar. Muchas personas que se vuelven seriamente adictas a los juegos de azar a menudo pierden sus activos debido a sus apuestas arriesgadas.

Si estás en una relación con alguien que hace esto, ¿cuándo crees que intervendrías? En una relación de codependencia, este punto nunca llega. El individuo se sienta y permite que su pareja participe en esta actividad riesgosa porque parece que los hace felices. Sin embargo, esto no siempre es suficiente. A veces, necesitamos ser guiados hacia mejores opciones, especialmente cuando estamos luchando. Es por eso que la adicción puede ser tan engañosa. Puede ser difícil reconocer que tu pareja está luchando por dentro debido al comportamiento que presenta externamente. Es probable que nieguen que hay un problema en absoluto, lo que puede incluso hacer que sientas que estás exagerando las cosas.

Así como las adicciones al alcohol pueden ser tratadas, también hay programas para las adicciones al juego. Si tu pareja muestra signos de una personalidad adictiva, lo mejor que puedes hacer por ella es expresar cuando su comportamiento le está haciendo daño. Si te mantienes en silencio, en realidad estás haciendo cumplir todo lo que hace, incluso las cosas con las que no estás de acuerdo. Es importante hablar de algo sobre lo que tienes sentimientos, no importa lo insignificante que te pueda parecer. Así es como se puede evitar caer en patrones de codependencia. Si lo piensas, hablar va a beneficiar tanto a ti como a tu pareja. Encontrarás tu voz, y ellos se darán cuenta de que sus acciones tienen consecuencias.

Sexo

La idea de ser adicto al sexo puede parecer extraña para algunos, pero es una adicción real que afecta a la gente a diario. Cuando sales con alguien que tiene esta adicción, normalmente se puede manifestar de un par de maneras diferentes. Te encontrarás en situaciones en las que estás teniendo relaciones sexuales con tu pareja porque sientes que tienes que hacerlo, o descubrirás que tu pareja te está engañando para alimentar su adicción. Una adicción al sexo es aquella que debe ser tratada tan seriamente como una adicción al alcohol o a las drogas. Puede llegar a ser tan dañino y perjudicial. Naturalmente, hay más emociones involucradas en una adicción como ésta. Si descubres que tu pareja tiene este problema, probablemente será una puñalada instantánea en tu autoestima. Puedes sentir que no eres lo suficientemente bueno para mantener a tu pareja en un estado de complacencia, o que estás haciendo algo malo porque él o ella nunca está satisfecho por mucho tiempo.

Deberías saber que nada de esto es culpa tuya. No fue causado por ninguna de las acciones que has mostrado, ni deberías hacer un punto para cambiar nada de lo que estás haciendo. Con cualquier adicción, el único culpable es el adicto. Aunque no debes avergonzarlo por lo que está pasando, también debes asegurarte de que te estás protegiendo en el proceso. Alguien que experimenta este tipo de adicción tiene un alto riesgo de volverse infiel. Si descubres que esto está ocurriendo, pero aun así permaneces en la relación, puede llegar a ser extremadamente codependiente. Permitir este tipo de comportamiento es una manera de afirmar que no te valoras a ti mismo. Aunque puede ser extremadamente difícil luchar contra el impulso de facultar a tu pareja, necesitas recordar que eres digno de la felicidad. Asegúrate de que estás defendiendo la forma en que estás siendo tratado. Si no lo haces, puede garantizar que tu pareja va a hacer esto de nuevo. La adicción quita la lógica la mayor parte del tiempo. No puedes esperar que tu pareja simplemente "mejore". Para sanar, se necesita esfuerzo y el deseo de cambiar. Esto es algo que no puedes forzar; tu pareja tiene que estar dispuesta a cambiar.

Comida

Tan fácilmente como cualquier otra cosa puede convertirse en un comportamiento adictivo, también lo puede ser comer. La mayoría de nosotros no vemos la comida como un "peligro", pero puede convertirse en algo que se apodera de nuestras vidas. Las personas que experimentan adicción a la comida pueden terminar deseando comer después de haber comido. También tienden a comer en exceso, incluso después de haber comido lo suficiente como para sentirse llenos. Al actuar excesivamente al comer, el individuo tiende a sentirse abrumado por la culpa. Esto puede realmente abatir a una persona, resultando en un comportamiento destructivo. Cuando te sientes mal contigo mismo, puedes alejarte de otras personas y de las actividades que normalmente disfrutas. La persona puede terminar inventando excusas para sus hábitos alimenticios, actuando con incredulidad de que haya algún problema. La depresión se desarrolla comúnmente si no se reconoce el trastorno.

La codependencia puede ocurrir definitivamente dentro de una relación que involucra la adicción a la comida. La persona que sufre de la adicción ya va a tener una gran lucha con la fuerza de voluntad sobre una base diaria, por lo que esto los pone en un estado bastante vulnerable. Incluso si no lo expresan externamente, la vergüenza y la culpa les afectarán internamente. Una pareja codependiente puede ignorar o descartar la adicción a los alimentos y, por lo tanto, permitir la sobrealimentación u otros comportamientos relacionados. Esto no sólo hará que el adicto se sienta deprimido, sino que también puede provocar problemas de salud. El individuo codependiente podría negar que existe un problema en su totalidad; por lo tanto, mantener el sentido de negación que impedirá que tu pareja busque ayuda.

Tener una adicción a los alimentos también se conoce como tener un trastorno de atracones compulsivos. Es una condición seria que se beneficia enormemente de la ayuda de un profesional para superarla. Estar con una pareja que elige ignorar el hecho de que estás luchando sólo va a empeorar la adicción. Tu pareja debe ser tu voz de la razón y tu sistema de apoyo, pero si son codependientes, este no va a ser el caso. Se van a aferrar al individuo destructivo, probablemente sintiendo una sensación de seguridad al saber que están cerca de esa persona. El que sufre de adicción usará al individuo codependiente como muleta, a menudo creyendo que las cosas van a estar bien y que el comportamiento debe continuar. Sólo con cualquier otra relación de codependencia, los dos individuos fomentan los mismos patrones de comportamiento una y otra vez. Puede convertirse en un círculo vicioso.

Compras

Tener una adicción a las compras puede ser similar a tener una adicción al juego; ambos giran en torno a gastar dinero. Para un adicto a las compras, la sensación a la que normalmente se vuelve adicto es la emoción real de gastar dinero. De la ropa a la decoración del hogar, cualquier cosa que se pueda comprar es fácilmente capaz de convertirse en parte de la emoción. El acto se puede hacer en persona o en línea, dando al individuo muchas opciones para elegir. Las compras se convierten en algo así como un juego en sí mismo, proporcionando a quien es adicto a ellas tantas oportunidades de gastar su dinero. Los adictos a las compras pueden ocultar su comportamiento, pagar por las cosas con dinero en efectivo o usar cuentas secretas para disfrazar el problema de sus parejas. Es cuando la pareja sabe lo que está pasando, pero no hace nada para ayudar, que la relación puede volverse codependiente muy fácilmente.

Cuando alguien actúa como facilitador de un adicto a las compras, puede pasar por alto la seriedad del problema. Incluso podrían estar dispuestos a darle dinero a la persona para que continúe comprando sin darse cuenta de los impactos negativos que esto puede tener. Cuanto más se alimente cualquier adicción, peor se volverá. Para un adicto a las compras, hacer una compra nunca va a ser satisfactorio. Van a tener que seguir haciéndolo repetidamente para sentir cualquier sensación de felicidad temporal. Sin embargo, es un sentimiento de corta duración. Debido a que el acto de comprar es probable que ocurra para llenar algún tipo de vacío, el individuo nunca va a encontrar exactamente lo que está buscando. Él o ella puede confiar en el comportamiento para sentirse mejor o para distraerlos de otros problemas en la vida. Esto puede formar un patrón muy aislante con algunas consecuencias graves.

Trabajo

Algunos de nosotros estamos muy orientados a la carrera, y eso normalmente se considera algo admirable. Ser bueno en tu trabajo y mantenerse fiel a él puede crear algunos rasgos de comportamiento excelentes. Sin embargo, al igual que cualquier otra cosa, demasiado de algo puede llevar a una adicción con consecuencias reales. Cuando alguien es adicto al trabajo, elige su trabajo por encima de todo. Esto incluye a la familia, amigos y otras obligaciones que la persona pueda tener. Estos individuos pueden tener una prioridad sobre el trabajo que es tan fuerte, que ni siquiera consideran el daño que se está haciendo a las otras relaciones a su alrededor. Debido a que encuentran algo emocionante en el trabajo y satisfactorio en el éxito, el individuo no querrá perder de vista esto. Estarían dispuestos a dar la espalda a cosas que antes eran importantes si eso significa que pueden trabajar. Incluso cuando está en casa, es probable que el individuo se concentre en el trabajo, tratando de ver si se puede hacer algo más hasta que regrese.

Puede ser extremadamente difícil salir con alguien que es adicto a su trabajo. Para empezar, estás sacrificando la atención que mereces. El individuo no va a ser capaz de atender tus necesidades porque va a estar muy concentrado en las tareas del trabajo. Al retroceder y permitir que esto suceda, insistiendo en que todavía se te trata de manera justa, estás siendo un facilitador. El individuo codependiente podría incluso elogiar a la persona por estar tan concentrada en el trabajo, y esto alimentará la adicción. La gente puede perder mucho cuando está sufriendo de esta manera. Conexiones que antes eran fuertes pueden desmoronarse. Debido a que no hay tiempo para preocuparse por otras personas, el individuo a menudo perderá el apoyo de otros familiares y amigos a su alrededor. Esto hará que el individuo codependiente se sienta aún más importante, mostrándole que es el único en la vida del individuo adicto al que se le permite permanecer cerca. Aun cuando no se les trate con justicia, seguirán viendo esto como un privilegio especial.

Capítulo 5: La infancia: Condiciones de Desarrollo que Contribuyen a la Codependencia

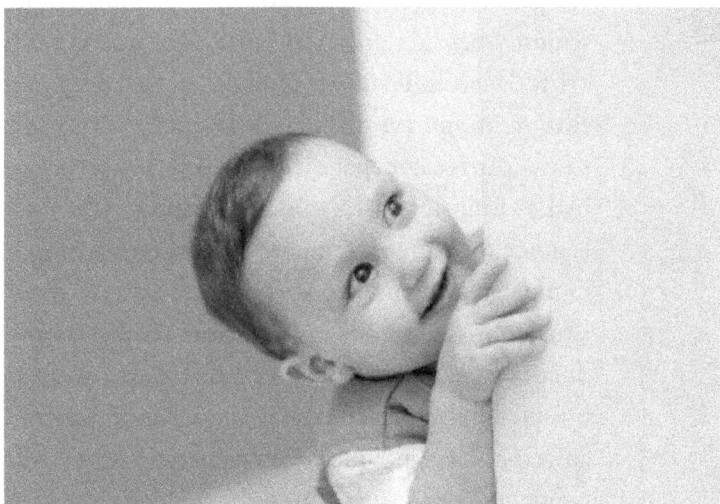

A medida que estás aprendiendo, la codependencia es una manera muy desafiante de vivir. Aquellos que crecen para llegar a ser codependientes estaban normalmente expuestos a situaciones en su infancia que los conducen a estas acciones. Los psicólogos afirman que existe una clara conexión entre nuestra educación y la forma en que nos desarrollamos como adultos. Por esta razón, crecer en un hogar que es inestable o que tiene algún tipo de elemento codependiente sólo va a mostrar al niño que así es como debe actuar. Los niños aprenden con el ejemplo y pueden ser muy influenciables. Los siguientes son ejemplos de situaciones vividas en la infancia que podrían conducir a un comportamiento codependiente en el futuro:

- **Tener un Adicto Como Padre:** Por varias razones, crecer en un hogar con un padre que tiene una adicción tiene la capacidad de ser muy perjudicial para un niño. No sólo existe la posibilidad de descuido y pérdida de la inocencia, sino que también existe la posibilidad de aprender a ser codependiente. Si un niño ve que uno de los padres es un adicto y el otro es codependiente, esto va a parecer normal. El niño aprenderá que así es como se debe tratar la adicción y probablemente imitará estos comportamientos si alguna vez se encuentra en este tipo de situación. Además de impactar sus respuestas conductuales, también puede llevarlos a un patrón de búsqueda de aquellos que están luchando contra la adicción. Un niño que creció para aprender la codependencia puede atraerlos hacia aquellos que están "dañados". Va a estar en su naturaleza querer arreglar el problema, incluso cuando en realidad sólo lo están permitiendo.

- **Crecer En Una Familia Grande:** Puede ser fácil perderse en una familia formada por varios miembros. Si creciste con muchos hermanos, existe la posibilidad de que te hayas sentido olvidado o igno-

rado en algún momento. Experiencias prolongadas
como ésta pueden llevar a un niño a creer que no
son tan importantes como otras personas. Cuando
este niño crezca, él o ella sentirá que su trabajo es
poner a los demás primero. Si bien esto puede ser
una gran cualidad dentro de una cantidad razonable,
también puede llevar a un comportamiento autode-
structivo. Aquellos que no tienen en cuenta sus propios sentimientos pueden encontrarse a menudo en
situaciones en las que se sienten "atrapados". Debido
a que existe tal falta de motivación para cambiar la
situación, el individuo se quedará en su lugar porque
es familiar y seguro. La idea de ser tratado mejor no
va a ser suficiente para crear un cambio duradero.
Pueden prometer que se irán, pero se encontrarán
incapaces de hacerlo debido a los condicionamien-
tos que recibieron en su infancia, diciéndoles que
siempre deben ser los últimos.

● **Ser Un Niño Maduro:** Algunos niños no llegan a
experimentar la magia de la infancia antes de aprender a cuidar de un hogar. En algunas situaciones, un
niño se ve forzado a madurar antes de tiempo debido a que sus padres no pueden cuidar de sí mismos
o de sus hermanos, lo que hace que sea su responsabilidad. Esto es perjudicial para un niño porque la
sensación de asombro y emoción se desvanece rápidamente. Cuando los padres son incapaces de cuidar
de sí mismos o de otro niño, el individuo tiene una
gran responsabilidad sobre ellos. Ahora se les está

obligando a asumir un papel que nunca deberían haber tenido que asumir. Este es un papel muy maduro para un niño que todavía está tratando de averiguar quién es y cómo funciona el mundo. Esto puede llevar a muchos puntos de vista sesgados sobre el mundo y a mucha confusión cuando se trata de interactuar con otras personas. Este niño va a crecer sintiendo que es responsable de todas las cosas malas que suceden, y van a sentir la necesidad de arreglarlas.

● **Tener Problemas Para Decir No:** Algunos niños están condicionados a sentir que su derecho a decir no significa que no aman a sus padres. Crecen creyendo que, si deciden decir que no, están decepcionando directamente a sus padres. El objetivo de los niños es complacer a quienes los crían. Este es un patrón de comportamiento muy perjudicial en el que caer porque crea muchos problemas al llegar a la adultez. Un niño que creció así puede encontrarse en una relación abusiva, incapaz de irse porque está demasiado asustado para decir que no. Quitarle la voz a un niño de esta manera es una de las acciones más perjudiciales que pueden hacer los padres. Debido a que el niño se siente tan inseguro acerca de la autoexpresión, nunca podrá sentirse completamente cómodo con lo que es como persona. En cambio, van a tratar de moldearse a sí mismos en lo que es ideal para otras personas a su alrededor. Este sentido de validación va a ser lo único que les permitirá sentirse seguros de quiénes son.

• **No Ser Lo Suficientemente Bueno:** La validación es esencial en la infancia. Nos enseña que somos capaces de tanto y nos motiva a vivir felices y emocionados. Un niño que no recibe suficientes elogios va a sentir que no es lo suficientemente bueno. Esto también puede ocurrir cuando se obliga a un niño a vivir a la sombra de sus hermanos o hermanas. Cuando sientes que no eres lo suficientemente bueno en tu infancia, esto te hará crecer con una fuerte sensación de inseguridad. Puede que te sientas demasiado asustado para ir tras las cosas que realmente quieres en la vida debido a tu miedo al fracaso. Los niños que crecieron de esta manera no tienen la culpa de su comportamiento como adultos. El trabajo de los padres es asegurarse de que su hijo se sienta seguro y amado. Cuando no recibes esta acción afirmativa, es imposible saber si lo que estás haciendo es correcto o incorrecto. Un niño puede incluso empezar a rebelarse para llamar la atención. Cuando esta situación pasa desapercibida, puede convertirse en una causa definitiva de codependencia en el futuro.

• **No Se Le Permite Llorar:** Como ser humano, el llanto puede ser una respuesta muy saludable y terapéutica a las cosas que nos abruman emocionalmente. Puede actuar como una liberación y una forma de que nos restablezcamos. Algunos niños son regañados por sus padres por llorar, lo cual puede hacerles creer que nunca está bien llorar. De niño, muchas cosas se van a sentir confusas y difíciles. El llanto es natural y el ser alimentado con la narrativa de que el llanto es algo malo sólo va a conducir a la supresión emocional. Una persona a la que no le fue permitido llorar cuando era niño probablemente tendrá problemas para abrirse como adulto. Puesto que fueron hechos para suprimir sus problemas, es probable que no estén dispuestos a discutirlos con otras personas. Esto puede causar que una persona viva con dolor o en circunstancias menos que ideales durante mucho tiempo. Comportamiento como este tiene la capacidad de llevar a alguien a una profunda depresión porque sentirá como si nadie lo entendiera. Estar en una relación codependiente se convierte en una respuesta porque la otra persona normalmente está demasiado metida en sus propios asuntos como para preguntarle al individuo sobre sus emociones. Ambos pueden existir dentro de sus hábitos negativos sin tener que reconocer ninguno de los problemas subyacentes más profundos.

● **Pensar Que No Se Puede Confiar En Las Personas:** Cuando se trata de una persona cuya infancia incluye a padres con inestabilidades, el niño sentirá que no puede formar confianza. Si los padres están usando el amor como moneda de cambio, el niño va a sentir que las cosas pueden cambiar en cualquier momento porque son muy inestables. Un niño necesita rutina y consistencia, y esto no suele ser posible en un hogar que incluye adictos. La vida de un adicto va a ser naturalmente impredecible, y esto terminará afectando también al niño. Cuando el niño crezca, va a recordar que su primera impresión de confianza se ha hecho añicos. Tal vez nunca antes han sentido un verdadero vínculo de confianza. Por esta razón, los problemas de confianza son importantes. Puede ser muy difícil tranquilizar a esta persona porque cree que todas las personas con las que sale van a retirar su amor de la misma manera que lo hicieron sus padres. Es un ciclo muy dañino y una manera muy infeliz de vivir.

● **Sentir Como Si A Nadie Le Importara:** Los niños que crecen en un hogar donde son principalmente ignorados empezarán a creer que nadie se preocupa por ellos. Esto pone una peligrosa sensación de descuido en sus cabezas. Aquellos que crecen hasta la adultez pueden seguir creyendo que a nadie le importa realmente. No importa qué palabras se digan o qué acciones se tomen, el individuo puede creer que es menos digno que otras personas. Si la depresión se combina con este estado mental sin valor, entonces el suicidio es definitivamente algo que probablemente sea considerado. Es una manera muy perjudicial para que un niño crezca, y también puede crear una gran sensación de soledad. Un niño necesita infinitas cantidades de apoyo a medida que crece. Incluso cuando otros muestran verdaderas acciones de cuidado, el individuo no va a estar dispuesto a creer que a la otra persona realmente le importa. La necesidad de codependencia puede crecer porque el individuo puede disfrutar de tener control sobre su pareja. Pueden sentir que, debido a que pueden controlar su relación, se asegurarán de que su pareja nunca los abandone.

Todos los ejemplos dados son factores que contribuyen a la codependencia. Debido a que los niños son muy influenciables, su crianza ciertamente tiene mucho que ver con la forma en que su comportamiento se desarrolla hasta la adultez. Si a un niño se le presenta un entorno en el que tiene que valerse por sí mismo y ordenar sus propios sentimientos, es muy probable que la codependencia le siga. Aquellos que no son criados a una edad temprana a menudo sienten que necesitan protegerse a sí mismos hasta que puedan encontrar a alguien a quien aferrarse. Aquí es cuando comienza la codependencia. Romper estos patrones puede ser muy difícil porque han estado ocurriendo desde la infancia.

La codependencia puede definirse como un comportamiento aprendido. Aunque es posible aprender, es más difícil desentrenarse para mostrar estos rasgos. La codependencia eventualmente se convierte en un estilo de vida, y encontrarás que las personas que sufren de ella negarán que están sufriendo en absoluto. Sin un verdadero sentido de identidad, es natural que un niño aprenda todo lo que necesita saber de sus figuras parentales. Tiene sentido que los padres que están inmersos en adicciones u otros comportamientos negativos no van a ser capaces de proporcionar los ejemplos necesarios para sus hijos. Van a ser menos capaces de proporcionar orientación y lecciones de vida. En vez de eso, el niño va a observar que ellos deben ser los que intervengan y cuiden al padre.

Aunque los problemas de desarrollo infantil no son el único factor cuando se trata de la codependencia, tienen una influencia muy fuerte. Puede ser difícil entender por qué un adulto es codependiente si no se conoce la crianza de su infancia. Por eso es imposible asumir que alguien puede simplemente dejar de actuar de manera codependiente en cualquier momento que elija. El comportamiento se convierte en una parte tal de ellos que no saben cómo sobrevivir sin él. Esto es especialmente cierto si ha sido un estilo de vida desde la infancia. Alguien que ha sido codependiente durante tanto tiempo también es propenso a tener problemas de confianza en sí mismo. Es posible que se sientan demasiado inseguros para tomar sus propias decisiones o salir de su zona de confort porque todo lo que han conocido es el papel de cuidadores, incluso cuando eran niños.

Para evitar este tipo de crianza, es esencial que el niño tenga un ambiente hogareño cariñoso. Ya sea que tengan un tutor o más de uno, un ejemplo positivo es una necesidad. Hay señales de alerta en los niños a las cuales debes estar atento. Algunas de ellas incluyen la baja autoestima, la preocupación extrema, el culparse a sí mismo, la falta de confianza, el miedo a estar solo y la dificultad para tomar decisiones. Si un niño comienza a mostrar cualquier tipo de estos comportamientos, existe la posibilidad de que se esté formando una codependencia. Afortunadamente, si se nota con suficiente rapidez, un profesional podrá ayudar al niño a recuperar su confianza.

Capítulo 6: La Única Causa Raíz de la Codependencia

Analizando la razón más profunda para el desarrollo del comportamiento codependiente, se puede ver que su desarrollo requiere algo más que una crianza difícil o negligencia parental. Lo primero que la gente normalmente percibe de los individuos codependientes es que quieren tomar el control de otras personas "por su propio bien". Aunque hay algo de verdad detrás de esto, la verdadera razón de la causa de la codependencia es mucho más profunda. A los individuos codependientes les encanta intentar ayudar a las personas para que sus vidas sean mejores o más fáciles. Debido a este deseo, son personas muy generosas que no dudarían en hacer un gran esfuerzo para ayudar. Esto se vuelve perjudicial porque no tienen mucha consideración por sus propios sentimientos o deseos.

Temerosos de desanimar a su pareja de cualquier manera, un individuo codependiente va a ser el primero en ofrecer apoyo, incluso cuando no están necesariamente de acuerdo con el comportamiento destructivo. Quieren ser conocidos por estar siempre ahí para la otra persona. Cumplir con ese papel les proporciona un verdadero sentido de propósito que tal vez nunca hayan sentido en su infancia. Aunque tener un propósito es una gran manera de vivir, debe haber un equilibrio detrás del deseo. Elegir servir únicamente a otra persona sólo va a llevar al individuo por un camino dañino de malos hábitos. Desde soportar el abuso hasta nunca tener necesidades satisfechas, un individuo codependiente no es el tipo de persona que se consideraría un "ambicioso".

La verdadera causa del comportamiento codependiente deriva de la necesidad de un tipo particular de plenitud. Esta plenitud no viene de comportamientos estándar como mantener una carrera exitosa o ser dueño de una casa hermosa. En cambio, un individuo codependiente busca la satisfacción a través de otras personas. Aquí es donde el término se vuelve tan relevante. El individuo busca estas fuentes de una manera similar a la de un adicto. La persona a la que se adhieren se convierte en su muleta. Ellos harían cualquier cosa por esa persona, y sienten satisfacción cuando pueden recibir la aprobación de esa persona. En cierto modo, es como si ellos mismos se volvieran adictos.

Debido al dolor no resuelto o a algo que hace que la persona se sienta incómoda con quienes son, deciden medicarse recibiendo atención de la persona a la que se aferran. El dolor nunca se trata; por lo tanto, el individuo está atrapado en el mismo tipo de patrones de comportamiento durante mucho tiempo. Es poco probable que un individuo codependiente se dé cuenta de que incluso hay dolor almacenado en el fondo hasta que le llame la atención. Generalmente se suprime hasta el punto en que se adormece y se olvida hasta que se desencadena. La dependencia mutua hace sentir al individuo como si sus problemas estuvieran siendo resueltos cuando en realidad, sólo están siendo dejados de lado hasta que surge el siguiente.

¿De Dónde Viene el Dolor?

El concepto de cómo ocurre la codependencia es bastante fácil de entender. La parte compleja se encuentra detrás de la causa del dolor. Un evento traumático es algo que puede causar que una persona se apague cuando se intenta tratar el dolor o la confusión emocional. El trauma tiene la capacidad de adormecer a una persona lo suficiente como para que ni siquiera sienta que necesita ayuda para superarlo. Cualquier evento como éste que se experimente pero que nunca se aborde adecuadamente puede conducir a la codependencia. A medida que se suprime el dolor, el comportamiento codependiente toma el control cada vez más. Pronto, el individuo sintonizará con el trauma y se centrará completamente en el individuo al que está apegado. Comprensiblemente, esto pone mucha presión en una pareja romántica. La relación puede llegar a ser muy intensa muy rápidamente porque ambas partes se necesitan el uno al otro para llenar ciertos vacíos emocionales. En lugar de trabajar juntos en los problemas, se ignoran y se reemplazan con otros sentimientos.

Una persona también puede experimentar dolor a partir de un patrón constante de relaciones de codependencia. Incluso si no hubo problemas de codependencia en la infancia, es probable que una persona que haya tenido anteriormente una relación de codependencia lo vuelva a hacer. Como se mencionó, no es algo que se pueda desaprender fácilmente. Deshacerse de estos patrones de comportamiento requiere mucho esfuerzo y paciencia. El individuo tiene que ganar un nuevo sentido de confianza en sí mismo para sentirse independientemente seguro. Debido a que éste tiende a ser el patrón, el individuo codependiente podría comenzar a creer que ellos son el problema. Pueden sentir como si la gente los tratara de cierta manera debido a algo que están haciendo, razón por la cual rara vez eligen decir lo que piensan si hay algo malo en ellos. Es casi como si creyesen que merecen ser tratados mal.

Cualquier cosa que tenga la capacidad de causarnos dolor puede llegar a ser perjudicial si no se trata. Todas las formas de dolor emocional son razones muy válidas para que podamos desarrollar ciertas condiciones. Para manejar mejor el dolor, siempre se recomienda la ayuda de un profesional. Debido a que todos hemos pasado por situaciones diferentes, un profesional va a ser capaz de determinar exactamente a qué se está aferrando. En términos generales, ser abierto también puede ayudar a controlar el dolor. La voluntad de expresar lo que nos causa malestar es mucho mejor que mantenerlo dentro de nosotros para eventualmente ser suprimido. Al practicar técnicas saludables para tratar con cosas que son dolorosas, hay menos posibilidades de que te conviertas en codependiente.

Lo Bueno Se Vuelve Malo

El concepto de codependencia puede sonar pequeño al principio. Es un individuo que sólo quiere ayudar a su pareja a tener éxito y que se preocupa por la felicidad de su pareja. Estas son grandes cualidades para tener, pero lo importante es la moderación. No importa cuánta buena intención esté detrás de cada acción, todavía tiene la habilidad de volverse destructiva. Cuando una persona se preocupa tanto por hacer feliz a otra persona, hace caso omiso de sus propios sentimientos y emociones. Nadie es capaz de vivir de esta manera y permanecer mentalmente equilibrado. Cuanto más se convierta en una lucha para manejar su propia vida, más se insertará la persona en la vida de la otra. Es un gran acto de evasión en todos los niveles de todo lo que tiene que ver con sus propias batallas personales.

Aunque un individuo codependiente tiene estas grandes cualidades, la forma en que son utilizados crea un resultado negativo. No sólo pierden el contacto con sus propias necesidades personales, sino que también alejan a otras personas en sus vidas porque están tan enfocadas en un individuo. Un individuo codependiente tendrá dificultades para mantener a flote las amistades porque no tendrá el tiempo ni el esfuerzo para dedicarse a ellas. Su pareja es su principal prioridad, y si algo se interpone en el camino de estar ahí para su pareja, no lo van a hacer. Un ejemplo es alguien que rechaza a un amigo que quiere ir a almorzar porque su pareja estará en casa. En lugar de divertirse poniéndose al día con un amigo como la persona realmente quiere hacer, optarán por quedarse en casa para estar con su pareja.

La codependencia también puede causar rupturas con la familia. El individuo no va a aceptar consejos o sugerencias cuando su familia decida intervenir y ayudar. Este acto va a parecer intrusivo para el individuo codependiente. En cambio, es probable que se alejen de su familia y se vuelvan aún más cerrados. Tratar de ayudar a una persona que no puede ver que está haciendo algo malo es difícil y frustrante. A menudo puede parecer que nada está llegando a la persona y que sus formas nunca cambiarán. Lo importante es no forzar al individuo a cambiar su comportamiento. Esto sólo va a crear más resistencia.

A Través de los Ojos de la Codependencia

Para una persona que sufre de codependencia, se comporta de esta manera porque quiere ayudar. Creen que ayudar a su pareja va a resolver todos sus problemas. La codependencia hace que un individuo crea que es el único responsable de asumir esta tarea. Este es un patrón que puede ser imitado de experiencias de vida anteriores. Cuando alguien trata de conseguir que el individuo codependiente actúe de manera más independiente, el individuo ve esto como una traición a su pareja. Su peor miedo es decepcionarlos o no poder ayudarlos, así que hacer algo que es auto-enfocado les va a parecer mal.

Cuando se trata de luchas públicas, un individuo codependiente asumirá todas y cada una de las cargas para hacer parecer que todo es armonioso externamente. No disfrutan de la vulnerabilidad, y harán todo lo posible para mantener esta ilusión para su pareja. La imagen es un aspecto muy importante de una relación de codependencia. Debido a que el individuo destructivo no puede controlar ciertos impulsos, esto le da al individuo codependiente mucho control de daños que se debe hacer. Esto puede ser cualquier cosa, desde mentir sobre las situaciones hasta inventar excusas para su pareja. Harán todo lo que puedan para desviar la atención de cualquier imperfección o pelea que esté ocurriendo.

La persona codependiente opina que su pareja no será capaz de funcionar sin ellos. Esto no sólo les da un gran sentido de propósito, sino que también anima a la pareja a aferrarse a ellos tanto como puedan. Esto fortalece el vínculo entre los dos, creando un estilo de vida cómodo. Puede que no tenga mucho sentido para los espectadores que tienen una idea de la forma en que operan, pero se sentirá completamente natural para ellos. Cada persona tiene un propósito, uno llegando a actuar sobre su adicción o comportamiento destructivo y el otro permitiendo estas acciones. Esto continuará hasta que algo con una fuerte influencia lo detenga. Es altamente improbable para cualquiera de los dos individuos tener un cambio en su comportamiento una vez que ya están tan acostumbrados a un estilo de vida codependiente.

Impactos Futuros

Considera una relación de codependencia, y luego imagínate a esa pareja formando una familia. Naturalmente, los niños van a crecer expuestos a este comportamiento dañino mientras piensan que es completamente normal. Es entonces cuando el ciclo puede comenzar de nuevo, influenciando a sus hijos hasta el punto en que también se convierten en adultos codependientes. Los impactos de la codependencia son a veces mucho mayores de lo que parecen. Lo que parece ser una relación ligeramente disfuncional puede evolucionar hacia el ejemplo que un niño ve a medida que crece. La mayoría de las veces, los padres estarán tan envueltos en su comportamiento codependiente que ni siquiera se darán cuenta del impacto que está teniendo en sus hijos.

Muy observadores y entusiastas de los ejemplos, los niños van a darse cuenta del comportamiento rápidamente. Es por eso que la conciencia sobre el tema es super importante. Si sientes que estás en una relación de codependencia, necesitas considerar todas las implicaciones (pasadas, presentes y futuras). Sólo porque algo no impacte directamente a otras personas no significa que no esté causando una impresión. También es increíblemente importante reevaluar tu autoestima. Necesitas creer que eres tan digno de una vida feliz como tu pareja o cualquier otra persona. La codependencia quita muchas de las mejores libertades que hay para experimentar en la vida, y es injusto que alguien tenga que vivir de esa manera. Decirle a alguien en quien confías cuando piensas que estás en esta situación es un gran primer paso para romper el ciclo.

Otra manera de pensar en los impactos de tu relación codependiente puede ser enfocándose en tu propia salud mental. Un comportamiento prolongado que te destroza sólo te hará sentir mal mentalmente. Aunque puedes tratar de alejar estos sentimientos, es probable que te encuentres con ellos cuando se desencadenen en el futuro. Cuando te acostumbras tanto a vivir en una relación codependiente, es posible que te estés perdiendo otras oportunidades maravillosas. Un estilo de vida codependiente no permite mucho crecimiento personal. Debido a que las cosas permanecen igual durante tanto tiempo, el individuo normalmente no tendrá ningún deseo de hacer nada más, incluso cuando se le presente la oportunidad de hacerlo.

Puede ser fácil olvidar que tu salud mental es importante. Sin ella, no vas a poder funcionar. Cosas como ir a trabajar y cuidar de tu familia se vuelven agotadoras cuando no estás mentalmente preparado para asumir cada papel. Todos necesitamos un descanso a veces, y esto es especialmente cierto para los individuos codependientes. Si eres capaz de reservar el tiempo para cuidarte a ti mismo, tal vez puedas recordar que también eres una prioridad en tu propia vida. Tu bienestar es tan importante como el de tu pareja. Hay una alegría infravalorada en ser capaz de hacer las cosas que quieres hacer, así que trata de darte estos momentos siempre que puedas.

Capítulo 7: ¿Por Qué la Codependencia Puede Fácilmente Conducir al Abuso?

L a codependencia es una condición basada en el miedo que causa muchos sentimientos contradictorios. Aquellos que desean vivir para sus parejas a menudo lo harán hasta que se vuelva miserables, y entonces temerán lo que sucederá si se marchan. Esto puede deberse al miedo al abandono, o incluso al miedo por su propio bienestar. También existe la posibilidad de que el individuo tenga miedo de estar solo o de sentirse incómodo. Todos estos son obstáculos comprensibles en el camino hacia una vida saludable. Es increíblemente fácil para una relación codependiente convertirse en una relación abusiva debido a este miedo persistente. Un individuo soportará un abuso interminable si eso significa que se sentirá seguro o que no estará solo. A menudo se puede sentir como si estuvieran atrapados entre la espada y la pared porque, en el fondo, siguen siendo infelices.

Observando de cerca la dinámica de una relación de codependencia, es fácil ver quién tiene la ventaja. La pareja en la relación aparentemente no tiene nada de qué preocuparse. Él o ella va a actuar de la manera que ellos quieran, y si es necesario, forzarán a su pareja a quedarse usando tácticas de miedo o algo peor. Este método tiende a funcionar tan bien en individuos codependientes porque les da el propósito que consistentemente anhelan. A pesar de que no están siendo tratados justamente a cambio, verán la relación como lo mejor que pueden obtener y que deben sentirse agradecidos por ello. Este bajo sentido de autoestima se convierte en un obstáculo para el individuo.

Para alguien que ve la relación en el exterior, puede que no tenga ningún sentido. Es posible que conozcas a alguien que está en una relación abusiva como ésta, y probablemente te preguntarás por qué no hacen las maletas y se van. Normalmente no es tan simple. Cuando las emociones están involucradas, el abusador tiene mucho control. No sólo pueden usar el miedo para que su pareja se quede, sino que también pueden aprovecharse de sus debilidades. Por ejemplo, si una persona codependiente necesita sentirse importante para ser feliz, su pareja expresará que son importantes después de que ocurra el abuso. Esto envía un mensaje confuso al individuo, pero generalmente será suficiente para que se quede. Comenzarán a ver este tratamiento como normal, a menudo inventando excusas para el comportamiento de su pareja si se les aborda sobre la situación.

Como sabemos, una persona codependiente haría todo lo posible por proteger la reputación de su pareja. Estarían dispuestos a mentir y a inventar excusas cuando otras personas empiecen a cuestionar la dinámica. En su mente, se merecen este trato e incluso pueden sentirse afortunados de tener algo de esta atención. Cuando su pareja completa una tarea que es mínima, el individuo codependiente probablemente lo tomará como una señal de que su pareja realmente se preocupa por ellos. Sentirán como si este pequeño acto de bondad fuera suficiente para compensar los innumerables momentos de abuso y trato injusto. Puede convertirse en un ciclo devastador porque el individuo realmente creerá que no hay nada malo en la forma en que está siendo tratado, por lo tanto, nunca tendrá el deseo de cambiar su situación actual.

Algunas personas sienten que es más fácil quedarse, incluso cuando saben que están siendo maltratadas. En la codependencia, el individuo probablemente verá la relación como algo de lo que vale la pena formar parte porque es mejor que estar solo. La mayoría de la gente en esta mentalidad tendrá algún tipo de miedo que está arraigado en el abandono o la soledad. Prefieren ser infelices en una relación con alguien que no tiene su mejor interés en el corazón que ser solteros y trabajar en su propio crecimiento personal. Este pensamiento puede ocurrir subconscientemente a medida que el individuo se esfuerza por tratar con su pareja. Pueden considerar irse varias veces, pero normalmente no tendrán la capacidad de seguir adelante debido al miedo que tienen dentro.

Por supuesto, a veces este miedo no tiene nada que ver con el abandono. Si la relación es lo suficientemente tóxica, el individuo podría tener un temor genuino por su propia vida. Tener una pareja abusiva es una experiencia extremadamente difícil, y es una que requiere una estrategia cuidadosa para salir de ella. Aquellos que van en contra de sus parejas abusivas pueden tener que enfrentarse a repercusiones físicas y verbales. Esto puede ser tan traumático que la persona a menudo solo se da por vencida y piensa que aguantar el abuso es mejor que lo que podría pasar si intenta irse. Si tú o alguien que conoces está pasando por esto, sentirse indefenso puede ser devastador. Si bien es importante tener cuidado con una situación como ésta, decirle a alguien en quien confías va a ser el primer paso para obtener ayuda. Nadie se va a enterar de lo mala que es la situación a menos que se lo digas.

Control

Un abusador puede ser totalmente capaz de mostrar amor a su pareja a veces, pero la necesidad de control lo eclipsa. Debido a que una relación de codependencia ya está sesgada cuando se trata de equilibrio, el abusador va a usar esto en su beneficio. Él o ella no tendrá ningún problema en tomar el control sobre la otra persona y pedir que todas sus necesidades sean satisfechas sin dar nada a cambio. Cuanto más esté dispuesto a cumplir el individuo codependiente, mayor será la probabilidad de que el patrón continúe hasta que empeore cada vez más. Las dos personas terminan alimentándose de la energía del otro porque el individuo codependiente tiene la tendencia a renunciar al control. Cuando hay tal cambio en el poder, el abusador va a tomar esto como una señal para seguir haciendo lo que quiere.

Normalmente, los individuos codependientes disfrutan renunciando a su control. Odian tomar decisiones porque pueden sentirse demasiado abrumados. En lugar de pensar por sí mismos y qué decisiones deben tomar, prefieren poner toda su energía en las necesidades de su pareja. Esto puede parecer una mejor opción para el individuo al principio, pero una vez que empiecen a aprovecharse, van a querer salir de la situación sin saber cómo. Una vez que la relación ha progresado hasta este punto, se hace tan difícil salir porque el individuo codependiente no puede ver una vida sin su pareja. La idea de vivir por sí mismos y tomar sus propias decisiones puede parecer peor que ser controlados. Es un ciclo desafortunado que ocurre más a menudo de lo que pudieras pensar.

Una persona puede pasar mucho tiempo bajo el control de otra persona. Una vez que todas sus defensas caen y su deseo de vivir independientemente se desvanece, la persona se vuelve completamente sumisa a su pareja. Cualquier advertencia o acción que proteste contra lo que está sucediendo en la relación eventualmente se suprime y luego se olvida. Pero no se alejan para siempre. Cuando suprimes una emoción fuerte, ésta está destinada a volverse el doble de fuerte cuando menos lo esperas. Cierta conducta que se repite a manos de un abusador puede ser suficiente para desencadenar los sentimientos y enviar al individuo codependiente en una espiral descendente. Este se convierte en uno de esos surcos de los que parece imposible escapar.

Narcisismo

Una personalidad narcisista puede aparecer en alguien que es abusivo. Los narcisistas creen que sólo importan sus propios deseos, y no se detendrán ante nada para conseguir lo que quieren, aunque eso signifique hacer daño a otras personas. Lidiar con el narcisismo en una relación de codependencia es bastante común. Para reconocer a un narcisista, es probable que encuentres algunos de estos rasgos:

- **Falta de Empatía:** Una persona que no tiene empatía no se sentirá mal cuando vea a otra persona en dificultades. Tampoco tendrán ningún problema en poner a las personas que les importan en situaciones que les hagan luchar. No hay culpa o tristeza cuando se trata de un individuo narcisista, sólo ganancia personal. Siempre están buscando la manera de salir adelante, y no importa a quién tengan que lastimar en el camino.

- **Necesidad de Alabanza:** A un narcisista le va a encantar la atención. Si les das un cumplido, van a querer más. Nada es lo suficientemente satisfactorio, por lo que es probable que descubras que un narcisista va a hacer lo que sea necesario para que puedas elogiarlos. Estar con una pareja como esta puede ser muy agotador porque te desgastas mucho para hacer que tu pareja se sienta bien, mientras que tú eres infeliz.

● **Explotar con Vergüenza:** Dejar que un narcisista te haga sentir mal por las cosas de las que ya eres consciente. Un compañero narcisista no tendrá problemas en usar la vergüenza para que hagas lo que quieran. Pueden poner en duda tu amor, implicando que, si no haces lo que ellos quieren, entonces no los amas de verdad. Este es un comportamiento muy dañino, y un individuo codependiente probablemente va a cumplir por naturaleza.

● **Vivir en una Fantasía:** La vida que vive un individuo narcisista está muy lejos de la realidad. Podrían creer algo hasta el punto de forzar a su pareja a creerlo también. No hay nada bueno o malo cuando se trata de lidiar con un narcisista, así que no tiene sentido tratar de argumentar usando la moral. Ellos van a creer exactamente lo que necesitan creer para que se ajuste a su historia.

● **Intimidación y Menosprecio:** Si un narcisista no está obteniendo lo que quiere, encontrarás que no tienen ningún problema en usar tácticas como la intimidación para hacer entender su punto de vista. Te harán sentir tan mal de ti mismo que sentirás que tus necesidades son menos importantes, tal vez no importantes en absoluto. Este tipo de personalidad es muy fuerte, y puede ser casi imposible que un individuo codependiente se enfrente a alguien así porque naturalmente va a venir de una postura sumisa. Los menospreciarán lo suficiente como para hacerles creer que no podrían vivir sin esta persona. Si dejaran a esta persona, probablemente se sentirían perdidos y confundidos.

Si sientes que puedes haber sido o estás siendo afectado por un narcisista, puedes estar interesado en mi libro complementario sobre el tema, "Invisible Abuse", por mí misma, Kara Lawrence. Este libro profundiza en las tácticas encubiertas que los narcisistas usan para manipular y abusar, y puede ser muy difícil de detectar sin la información apropiada a mano.

Pasado de Abuso

Aquellos con un historial de abuso tienen una gran probabilidad de involucrarse en una relación de codependencia. Esto gira en torno al deseo de ser necesario. Un individuo codependiente sólo quiere ser lo suficientemente bueno para su pareja, y están dispuestos a hacer todo lo posible por probárselos. Definiendo su valor en base a la respuesta que reciben de su pareja, la persona codependiente seguirá tratando de hacer lo que sea necesario para mantenerlos satisfechos. Debido a los abusos que ocurrieron en el pasado, el temor de que esto vuelva a suceder suele ser prominente. El individuo tratará de ser lo más agradable posible, dispuesto a hacer grandes sacrificios por la otra persona si eso significa que le hará la vida más fácil.

Muchas personas que han sufrido abusos en el pasado a menudo tendrán una fuerte necesidad de controlar cada aspecto de sus vidas para evitar ser abusados de nuevo. Pueden ser muy particulares sobre la forma en que hacen las cosas porque no quieren ser lastimados de nuevo. Aquí es donde una relación de codependencia puede engañar al individuo porque le quita el control y le permite a la pareja tomarlo. Su pareja suele ser alguien que es bastante carismático, convenciendo a la persona de que son importantes y de que se ocuparán de ellos. A medida que el nivel de confort aumenta, el control se transmite de modo que la relación se vuelve codependiente.

Una vez que esto sucede, el individuo codependiente dejará de confiar en sí mismo. En cambio, toda la confianza se pone en su pareja. Depende de la pareja guiar a ambos hacia lo que ellos crean que es mejor. Debido a que pueden parecer tan confiados externamente, normalmente es muy fácil aceptar lo que están diciendo como la verdad. Es como si ambas personas asumieran una personalidad, y aprendieran a operar con una tomando el control y la otra cediendo a ese control. Es comprensible que éste no sea un estilo de vida saludable. Nunca es una buena idea poner todo tu control en las manos de otra persona. Para entablar una relación sana, el equilibrio es necesario para la felicidad de ambas partes.

Capítulo 8: Psicología de ser Controlado: Cuando el Abusado se Convierte en Abusivo

La ansiedad es un sentimiento destacado de un individuo codependiente. Como se discutió, a menudo puede haber un temor de abandono dentro de la relación. Si hay suficiente de este miedo presente, alguien que está siendo controlado puede cambiar de rol y convertirse en controlador. Es un comportamiento aprendido con el que el individuo tiene mucha experiencia ya que actualmente le está sucediendo. Estar en una relación de codependencia es un acuerdo para ceder tu control a tu pareja. Normalmente no tendrás ningún factor de toma de decisiones en la relación, y vivirás cada día de acuerdo a lo que tu pareja sienta que es correcto. El cambio puede ocurrir en cualquier momento. Suficiente de cierto tratamiento negativo puede desencadenar una respuesta cuando menos lo esperas. Una persona que es mayormente sumisa se romperá, y entonces tendrá la necesidad de controlar la dinámica de la relación.

Esto se puede mostrar de varias maneras, pero cada acción va a sugerir que el individuo está tomando el control de su pareja. Desde manipularlo para que se quede en casa con quien pueden estar juntos o controlar con quien pueden pasar tiempo fuera de su relación, son maneras de invertir los roles. Durante este deseo de control, normalmente no hay una mala intención detrás de él. De hecho, el individuo lo verá como exactamente lo contrario, querrán hacer esto solamente porque sienten que esto es lo que beneficiará la relación. Todos sabemos que la codependencia no es saludable y puede causar sentimientos intensos, por lo que el deseo del individuo de controlar la situación se deriva de esta necesidad de estar con su pareja. Ciertas cosas se sentirán como si no fueran lo suficientemente buenas. El individuo codependiente va a anhelar más; por lo tanto, elegirán acciones de control para obtener más de su pareja.

Lados del Abuso

Las relaciones abusivas pueden diferir mucho entre sí, a pesar de que todas ellas son insalubres y muestran un comportamiento que es muy perjudicial para las personas involucradas. Dentro de una relación codependiente, la dinámica del abuso puede ser interesante. Mientras que una persona es destructiva y descuidada con sus acciones, normalmente no se esfuerza por utilizar tácticas de manipulación. En su lugar, simplemente hacen exactamente lo que quieren, y la pareja codependiente decide quedarse. Aunque el peso de sus decisiones hace que sea fácil para la pareja querer quedarse, en última instancia es la propia elección de la persona codependiente. Estarán al lado de su pareja, incluso si eso significa que son la última prioridad y que están siendo tratados injustamente. Sin embargo, esto se ha puesto de manifiesto desde el principio. Un individuo destructivo no tiene tiempo para crear falsas pretensiones. Van a actuar en su propio patrón de comportamiento tóxico, y esto probablemente no va a cambiar por la influencia de su pareja. Sabiendo esto, el individuo codependiente todavía decide permanecer en la relación, incluso cuando está llena de infelicidad.

Una cierta dinámica puede aparecer una vez que los dos se sienten cómodos el uno con el otro. Como el individuo destructivo está en su propio camino para hacer exactamente lo que quiere, el individuo codependiente puede sentir la necesidad de atraerlo. Esto comienza los esfuerzos de control. Es una relación de control muy bilateral, aunque no lo creas. La principal diferencia entre los dos grupos de comportamiento es que el primero no se disculpa por su comportamiento destructivo, mientras que el codependiente se siente tan incómodo que necesita tomar el control y manipular la relación a su gusto. No todas las relaciones codependientes observan este tipo de abuso, pero es algo que es muy probable que ocurra con el tiempo. Esta persona se va a dar cuenta de que no está satisfaciendo sus necesidades básicas, pero aun así no querrá dejar a su pareja. Por lo tanto, la única solución lógica en su mente es tratar de tomar el control de su pareja.

Imaginablemente, esto no siempre resulta como estaba planeado. Una persona que está muy arraigada en sus maneras va a ser testaruda. No van a sucumbir fácilmente a ningún tipo de influencia externa, incluso si se trata de manipulación. Es entonces cuando la relación puede volverse muy tóxica. Si ellos descubren que están siendo controlados, la reacción puede ser esperada. La dinámica dentro de la relación puede resultar ser increíblemente tumultuosa, pero ninguna de las partes se va a echar atrás. Debido a que esta es la vida que ambos conocen tan bien, no van a considerar otras opciones. La gente vivirá de esta manera durante años, destruyendo su vínculo y cualquier autoestima que quede. En lugar de separarse razonablemente, la adicción a permanecer juntos es mucho más fuerte. Podría ser necesario un evento enorme que cambie la vida para mostrarles que no deben estar juntos. Hay muy poco razonamiento con las personas que están en una relación con esta dinámica. Só-

lo ellos pueden decidir cuando terminan de participar en una
relación de este tipo.

Abuso Empático/Narcisista

Para comparar dos situaciones diferentes, considera el tipo de abuso que ocurre dentro de la relación entre un empático y un narcisista. Este abuso es unilateral, dando una clara distinción entre el abusador (el narcisista) y la víctima (el empático). Debido a que una empatía está arraigada en la compasión, es fácil para uno ser alcanzado por alguien con una fuerte personalidad narcisista. Los dos son opuestos cuando se trata de tipos de personalidad. Un narcisista es alguien que elige vivir para sí mismo, sin importar lo que cueste. No consideran los sentimientos de otras personas ni el impacto que tendrá su comportamiento. En cambio, se concentran en lo que pueden hacer para progresar. No hay empatía en su proceso de toma de decisiones porque no pueden sentirla. Por esta razón, se vuelve fácil y casi natural abusar de su pareja. En su mente, simplemente están tratando de conseguir lo que quieren. Los sentimientos de su pareja no les van a importar.

Esto crea una increíble fisura en la relación, haciendo que el empático sienta que realmente se merece este trato. No van a hablar en contra de su abusador, incluso si es su pareja porque esto va en contra de su naturaleza. En vez de eso, un empático estaría más cerca de justificar las acciones de su pareja. Incluso pueden engañarse a sí mismos para que crean que se merecen el abuso por algo que han hecho. La autoestima es increíblemente difícil de mantener cuando se está siendo controlado y manipulado. Debido a que un empático es un tipo de personalidad tan influenciable, el narcisista tiene una gran ventaja. Llega a ser fácil controlar a su pareja, y ellos disfrutan cada minuto de ello. Este es un patrón que es increíblemente difícil de romper, a menudo porque el individuo sumiso temerá dejar a su pareja. El miedo puede provenir de la pérdida de la relación, o incluso de recibir peor abuso como resultado. Es una situación muy peligrosa de la que formar parte.

Tácticas de Manipulación

Si sientes que estás en una relación abusiva, no importa quién es responsable del abuso, considera si hay muestras de tácticas de manipulación. Pueden ser fáciles de pasar desapercibidas si no las estás buscando. Aquí están algunas de las más comunes dentro de las relaciones de codependencia abusivas:

- **La Ventaja de la Casa:** un individuo controlador puede estar de acuerdo cuando la otra parte sugiere que el comportamiento necesita ser discutido. Una forma en que pueden manipular esto para su ventaja es hablando solo sobre el tema en un lugar donde todavía van a tener la ventaja. Por ejemplo, podrían sugerir un lugar de reunión que sea su propio dominio (su oficina o su automóvil) para mantener una posición de control. Desde el principio, esto no solucionará ninguno de los desequilibrios porque todavía se está discutiendo de una manera que mantiene el desequilibrio. Cuando se deben discutir temas importantes, es esencial que cada persona sienta que está comenzando en la misma página.

- **Primeras Palabras:** A pesar de cualquier naturaleza controladora, un individuo manipulador usualmente permitirá que su pareja hable primero. Si bien esto se presenta como un deseo genuino de escuchar lo que la otra persona tiene para decir, en realidad lo utilizarán en su propio beneficio. Al poder escuchar a la otra parte hablar, podrán analizar minuciosamente la declaración y encontrar cualquier defecto o debilidad dentro de ella. Esto hace que la otra persona se sienta importante y escuchada al principio, pero pronto se dará cuenta de que todavía está siendo controlada de alguna manera.

- **Intimidación Intelectual:** Esta táctica ocurre cuando una persona trata de sobrecargar a su pareja con hechos y estadísticas para intimidarla y someterla. A menudo hablan con tanta confianza sobre el tema que la otra persona se siente intimidada. La mayoría de las veces, su argumento ni siquiera tiene sentido. Todo el ruido se dirige a su pareja con la esperanza de que se sientan tan abrumados que simplemente se rindan. Este es el resultado muchas veces.

- **Voces alzadas:** Dejar que un individuo manipulador use los gritos como táctica de manipulación. Para un abusador, ser más ruidoso significa que tiene control sobre la situación. Es una manera de mantener el poder sobre la otra persona, sin importar lo que se diga. Los insultos también pueden entrar en juego en este caso. El abusador va a hacer lo que sea necesario para dominar a la otra persona. Si no tienen un argumento para presionar, entonces es probable que recurran a un lenguaje que se supone es abrumador e intimidatorio.

● **Decisiones Inmediatas:** Un individuo manipulador no te dará tiempo para pensar en tus elecciones. En su lugar, van a querer la respuesta de inmediato, por lo tanto, poniendo una inmensa cantidad de presión sobre su pareja. Estos individuos exigen decisiones, poniendo injustamente la carga del estrés sobre la otra persona cuando mantienen una postura neutral. Al culpar a la otra persona, el individuo manipulador tratará de hacer que haga todo el trabajo para mejorar la situación. Mirando detenidamente esto, se puede ver que todavía no están reclamando la responsabilidad de ninguna de las dificultades.

Silencio Como Arma: Una de las conductas más pasivo-agresivas que un abusador puede mostrar es el trato silencioso. Ser ignorado es una respuesta extremadamente negativa a recibir de una pareja que se supone se preocupa por ti. Esto se hace especialmente cierto cuando estás tratando de resolver asuntos importantes. Un abusador no va a preocuparse por los sentimientos de su pareja. Cuando terminen de hablar, o cuando quieran que su pareja sufra, simplemente le darán el tratamiento de silencio hasta que su pareja les ruegue que hablen con ellos. Esto es un enorme abuso de poder, como puedes ver. Realmente tiene la capacidad de destrozar a una persona de una manera significante.

Desapego

Al escuchar sobre todos estos peligros relacionados con las relaciones abusivas, podrías estarte preguntando si es posible salir de una de ellas. La respuesta es sí, y el desapego es la clave. Ser capaz de separarse de una persona que no es buena para ti es, en última instancia, la única manera de que vas a ser capaz de hacer progresos. Debido a que la codependencia forma un estrecho vínculo entre dos personas, a pesar de que no es saludable, puede tomar algún tiempo dejarlo ir. El punto de ser codependientes es porque ambos se sienten cómodos el uno con el otro. Puede sentirse imposible volver a formar otra conexión con otra persona mientras estás en una relación codependiente, por lo tanto, no estás dispuesto a dejar a tu pareja.

Debes recordar que tú importas. Tus sentimientos y bienestar son muy importantes. Cuando no estás siendo tratado justamente, incluso siendo abusado, necesitas darte cuenta de que mereces más que esto. Cuando tu pareja te demuestre que se preocupa por ti, esto no debe ser a través del abuso o la manipulación. Debería ser a través del amor que anhelas. El ciclo sólo continuará repitiéndose mientras más tiempo permanezcas como parte de él. Si estás luchando en una relación como ésta, dile a alguien en quien confíes. Obtener ayuda no tiene que ser todo a la vez, puedes comenzar con pequeños pasos. Contarle a otra persona por lo que estás pasando es como dejar ir un poco de la carga. No deberías tener que cargar con el peso de todo esto por tu cuenta. Si alguna vez sientes que estás en peligro inmediato, necesitas asegurarte de comunicarte con las autoridades apropiadas y te pongas en un lugar seguro antes de que te ocurra algo peor. La gravedad de una relación abusiva no debe ser subestimada.

Capítulo 9: Empatía y Relaciones Narcisistas

Como se mencionó anteriormente, la diferencia entre una relación empática/narcisista y una relación codependiente es que el abuso es normalmente unilateral. En la primera, una persona asume un papel claro como pareja dominante mientras que la otra permanece sumisa. No hay ninguna manipulación o control que suceda en nombre de la persona sumisa porque eso no está en la naturaleza de un empático. En cambio, un empático preferiría permanecer en la situación tóxica antes de hablar en contra de su pareja. Debido a que sienten las cosas tan fuerte y compasivamente, es difícil simplemente alejarse de las cosas que les molestan. Aunque saben que no están siendo tratados justamente, algo dentro de ellos no deja de lado el hecho de que aman y se preocupan por su pareja. Esto crea una dinámica que se vuelve increíblemente tóxica para ambas partes involucradas.

El individuo narcisista podría preocuparse por su pareja, ya que los narcisistas son capaces de mantener con éxito las relaciones románticas. Sin embargo, ellos son lo primero en su propia vida. Nunca van a ser la pareja considerada y afectuosa que el empático anhela. En vez de eso, van a vivir su vida como mejor les parezca. Cuando quieren algo, no se detienen ante nada para ponerse a sí mismos en primer lugar para conseguirlo. Incluso si su pareja expresa su descontento por el trato injusto, porque el narcisista no siente empatía, es poco probable que su comportamiento cambie. Esta es la definición definitiva de una relación de control. La otra persona renuncia naturalmente al control de su libertad para que su pareja reciba todas las ganancias personales.

Debido a que un empático viene de un lugar tan cariñoso, él o ella será rápido para defender a su pareja si alguien en el exterior alguna vez cuestiona la relación. Puedes contar con ellos para tener una explicación o algún tipo de razonamiento, aunque no tenga mucho sentido. A un empático no le gusta admitir cuando las cosas son demasiado para manejar. En cambio, antes internalizarán toda la negatividad que admitir que necesitan ayuda para procesarla. Esta supresión de las emociones los pone en riesgo de un brote emocional que está a punto de ocurrir. Debido a que su pareja narcisista no tiene consideración por sus sentimientos, su pareja puede rápidamente enviarlos a una oscura espiral descendente. Aun así, es probable que el empático continúe soportando el abuso porque se convencerá a sí mismo de que merece ser tratado de esta manera.

Aunque la dinámica entre una relación empática/narcisista difiere de una relación codependiente, hay algunos intercambios definidos que se pueden ver en ambos. Cuando eres capaz de entender la dinámica de uno, se vuelve más fácil comprender al otro. Lo más importante de las relaciones de control es que necesitan ser reconocidas. Cuanto más ignoren todos el abuso, más continuará ocurriendo. Ya sea que estés en la relación o seas testigo de ello, obtener el coraje para hablar puede ser muy difícil. Si quieres lo mejor para ti y para la persona que te importa, debes saber que es necesario romper el ciclo. Algo tiene que cambiar para que el abuso se detenga.

¿Cómo las Etiquetas Están Entorpeciendo las Cosas?

Aunque todos estamos familiarizados con las definiciones de los libros de texto de los términos narcisista, codependiente y empático, hay una cierta estructura de pensamiento que es importante dejar ir. La mayoría de nosotros juzgaríamos rápidamente que el narcisista es sin duda el más malvado de los tres, siempre responsable de las malas acciones. Hay un estigma natural construido alrededor del concepto de narcisismo porque es el tipo de personalidad más destructivo desde el punto de vista externo. Irónicamente, la seriedad de ser narcisista también ha entrado en nuestras normas culturales. Las personas se etiquetan rápidamente como narcisistas porque disfrutan mirándose en el espejo. Es importante entender que el narcisismo va más allá de la vanidad. Cuando casualmente etiquetamos, esto promueve un nuevo tipo de estigma que sugiere que un narcisista puede simplemente dejar de hacer lo que está haciendo.

El narcisismo define un conjunto de comportamientos, y como se mencionó, estos se extienden más allá de la vanidad. A menudo son individuos arrogantes y persuasivos con un profundo sentimiento de inseguridad subyacente. Desesperados por la validación, recurrirán a tendencias manipuladoras o incluso abusivas para conseguir lo que quieren. Esta es una persona increíblemente egoísta que tratará con condescendencia a cualquiera para sentirse superior. La apariencia externa lo es todo para un narcisista. Esta persona nunca va a dejar que nadie en el exterior sepa que está luchando con la inseguridad. En vez de eso, van a poner un frente que alude a su asombroso éxito y a sus logros sin esfuerzo.

Un empático es alguien con un don. Es una persona que es capaz de ponerse en la situación de otra persona para actuar en consecuencia. La empatía en sí misma es una característica que muchas personas tienen, algunas más que otras. Una característica definitoria de un narcisista es que la persona carece totalmente de empatía; por lo tanto, es capaz de utilizar a las personas que le rodean para conseguir lo que quiere. Para ser un empático, debes estar especialmente sintonizado con la manera en que otras personas piensan. Puede ser una bendición y una maldición sentirlo todo con tanta fuerza, y a veces puede llevar a que se aprovechen de ello debido a la voluntad de relacionarse con los demás. Puedes ver cómo un narcisista y un empático encajarían en base a las dos personalidades distintas que se describieron.

No hay necesariamente una manera clara de detectar a un narcisista o a un empático. Por fuera, las características no son particularmente claras. Es cuando estás en una relación con alguien que llegas a conocer un nivel más profundo de quiénes son. Para cada persona, su comportamiento está totalmente justificado. Ya sea que una persona actúe como agresor o víctima, cada conjunto de acciones es algo que tiene sentido para ella. Cada uno de ellos juega un papel en el panorama general de la relación, actuando de acuerdo a sus características prominentes. Mucha gente cree que los empáticos siempre son mejores personas. Son conocidos por ser cariñosos, y sólo quieren entender a los demás, así que, por supuesto, uno supondría que siempre son víctimas de situaciones horribles.

¿Dónde Encaja la Codependencia?

Te estarás preguntando cómo la codependencia se relaciona con el narcisismo y la empatía. Tómate un momento para pensar en qué tipo de personalidad es más probable que tenga un individuo codependiente. ¿Están en esto por sí mismos o actúan de la misma manera que lo hacen por el bien de alguien que les importa? Deberías poder ver que la respuesta es la segunda. Recordando las características de la codependencia, se trata de una persona que actúa en el "mejor interés" de su pareja. Ya sea que realmente estén cuidando a su pareja, o que simplemente estén haciendo estas cosas porque están actuando en base a su empatía, no están buscando un resultado final que necesariamente los beneficie. Así es como ser empático puede resultar en algo negativo. Sin embargo, ninguna de estas categorías es concreta. Hay absolutamente una manera para que un individuo codependiente actúe como un narcisista cuando sea necesario.

Los individuos codependientes tienen la capacidad de controlar a sus parejas cuando sienten que necesitan estar a cargo de una situación. Como se mencionó anteriormente, el abuso puede ocurrir a manos del individuo destructivo, así como del individuo codependiente. Cuando una persona actúa de esta manera, en realidad está actuando según sus tendencias narcisistas. De esta manera, un individuo codependiente también puede ser narcisista. Esta es la razón por la que las etiquetas no son necesariamente una forma precisa de categorizar a las personas. Todos somos tan complejos, y tenemos la capacidad de cambiar en función de nuestro entorno. De esta manera, se puede ver que todas las características están interconectadas y son situacionales. Dependiendo del entorno en el que nos situemos, tendemos a elegir nuestros propios mecanismos de afrontamiento.

No importa el papel que asuma una persona, la responsabilidad es importante. Esto es algo de lo que la gente normalmente es incapaz cuando se encuentran en una relación codependiente. Debido a que ninguno de los dos ve nada malo en su comportamiento, se vuelven reacios a hacer cambios. También confían en la dinámica para sentirse cómodos y sobrevivir, por lo que no ven ninguna razón para hacer ningún cambio a pesar de la insatisfacción subyacente que se siente. Ambas partes se van a sentir como si fueran las víctimas de la situación. Ambos van a tener su propia prueba de por qué son víctimas, creyendo que la otra persona está totalmente equivocada. Este es un ciclo de toxicidad agotador e interminable.

Si sientes que puedes ser empático y tratar con relaciones empáticas/narcisistas, puedes encontrar una gran cantidad de información sobre el tema en el libro complementario a éste, titulado "Toxic Magnetism", por mí misma, Kara Lawrence. Este libro es el único de su tipo en que es el único que intenta explicar la causa original de esta dinámica de atracción tan común que tantos codependientes experimentan.

Cultura de Etiquetar

En la sociedad actual, casi se ha puesto de moda usar los términos narcisista, empático y codependiente sin entender completamente sus dinámicas y relaciones. A la gente le gusta asignar empáticos como víctimas y narcisistas como abusadores. Aunque hay mucho más en la dinámica, se ha convertido en una norma social hablar de estos individuos de esta manera. Codependencia también se ha convertido en un término que se usa de manera casual, describiendo a menudo una relación en la que dos personas pasan mucho tiempo el uno con el otro. Si bien este es un aspecto de la verdadera codependencia, sabes que este no es el único factor definitorio. La codependencia es un tema mucho más profundo que a menudo puede conducir al abuso. A las personas que nunca lo han experimentado realmente les resulta fácil etiquetar, incluso cuando no se aplica necesariamente.

Con la facilidad de acceso a las definiciones básicas de estos términos, la gente confunde este conocimiento con una verdadera representación de cada papel. Te darás cuenta de que es casi imposible comprenderlas todas a menos que hayas estado involucrado personalmente en una situación similar. Para detener esta tergiversación, los hábitos de auto-diagnóstico necesitan cesar. Cuando estamos llenos de conocimiento sobre algo nuevo, a menudo creemos que sabemos lo suficiente para saber que encajamos en una cierta categoría. Lo que suele suceder es que una persona es capaz de identificarse con algunas de las *características*, pero no con el verdadero papel. Por lo tanto, no es una verdadera representación de ser narcisista, empática o codependiente.

Para aquellos que realmente están sufriendo en una relación narcisista/empática o codependiente, sus luchas pueden sentirse inválidas debido a la manera casual y frecuencia con que cada término es usado. Alguien que no ve su condición como algo serio va a ser aún menos probable que obtenga ayuda para la situación en la que se encuentra. Otra cosa que puede pasar es la negación. Cualquiera de estas personalidades puede confiar en su propia negación como una razón para no hacer un cambio en su situación. Para ellos, nada está realmente mal, por lo que no habría necesidad de cambiar nada en la relación. Se trata de un punto de vista muy sesgado sobre cuestiones tan graves y, por desgracia, se perpetúa continuamente por la forma en que la sociedad se apresura a poner todas las etiquetas.

Para ayudar con el estigma que rodea a todas estas etiquetas, es importante usar el término sólo para describirte a ti mismo cuando has sido diagnosticado por un profesional. Está bien decir que tienes *tendencias* narcisistas, pero es probable que afirmar que eres un narcisista no sea correcto debido a las características definitorias reales del narcisismo. También es importante que no se apresure a poner etiquetas a otras personas o a sus relaciones. Incluso cuando sabes que una situación no es saludable, tu prioridad debe ser extender una mano para ayudar. Las etiquetas son menos importantes cuando una situación es tan grave. Lo mejor que puedes hacer es hablar cuando sientas que algo no está bien, ya sea en tu propia relación o en la relación de alguien que te importa.

Capítulo 10: Soluciones A Los Problemas de Codependencia: ¿Debo Poner Fin A Mis Relaciones?

Los caminos que puedes tomar cuando te das cuenta de que estás en una relación codependiente son sencillos, ya sea para arreglar la relación o para ponerle fin. Aunque estas cosas son más fáciles de decir que de hacer, son las únicas soluciones viables. Esta última es la opción preferible porque es importante para un individuo codependiente aprender a ser feliz solo. Cuando estás sin la influencia de una persona en la que solías confiar, serás capaz de aprender a sobrevivir. Es casi como si necesitaras empezar de nuevo, volviendo a aprender los fundamentos de cómo vivir. Sin la necesidad de tomar tus propias decisiones en una relación codependiente, te sorprenderías de lo fácil que puede ser olvidar cómo hacer todo esto juntos. Debido a que has estado tan acostumbrado a que otra persona dicte tu vida (en realidad has disfrutado esto), tu percepción básica del bien y del mal ha sido usualmente eliminada. Cuando ves las opciones presentadas frente a ti, no hay una voz interior que te diga lo que hay que hacer.

Por eso la codependencia puede llegar a ser tan peligrosa. Estás dando tanto de ti mismo a otra persona que te olvidas de cómo funcionar por ti mismo. Naturalmente, esta no es la sensación deseada y probablemente harás todo lo que puedas para salvar la relación antes de alejarte. Esto es lo que te metió en esta situación en primer lugar. Tu deseo de quedarte superará con creces tu deseo de terminar la relación. Cuando sabes en el fondo que estás listo para hacer un gran cambio y recuperar el control sobre tu vida, necesitas considerar los siguientes cuatro métodos para ayudarte a comenzar:

- **Abstinencia:** De la misma manera que un alcohólico debe renunciar al alcohol, necesitas estar dispuesto a renunciar a la persona que está creando toda la negatividad en tu vida. Este es un paso muy necesario para recuperarse con éxito de la codependencia. Tu principal objetivo es dirigir tu atención hacia el interior, hacia ti mismo. Debido a que has estado tan concentrado en tu pareja, esto puede parecer una traición. Lo que necesitas recordar es que tu propia felicidad sólo se puede mantener si haces algo para ayudarte a ti mismo. No importa cuánto ayudes a otras personas, incluyendo a tu pareja, tus necesidades nunca van a ser satisfechas. Aunque cortar la comunicación por completo no es normalmente una opción realista en la mayoría de las relaciones codependientes, todavía es necesaria una separación. Necesitas establecer el hecho de que eres tu propia persona y que ya no quieres tener una relación. Esto probablemente va a causar alguna reacción, tal vez incluso una muestra dramática de emociones en nombre de tu pareja. Necesitas permanecer fuerte, sin embargo. Recuerda lo atrapado que te sientes en tu situación actual e imagínate viviendo una vida feliz que es exactamente lo que quieres que sea. Tu pareja también se va a beneficiar de esta ruptura, dándose cuenta de que no puede usar a otras personas para controlar su felicidad. También necesitan encontrar la suya propia.

- **Concientización:** La negación es la cosa número uno que te va a detener en tu viaje hacia una relación saludable. Negar que hay un problema es probable como hayas llegado a este punto tóxico en tu relación actual. Ambos probablemente se han acostumbrado a pensar que no hay nada malo en la forma en que operan. Funciona para ti, así que debe estar bien. Asumes la responsabilidad de tus propias acciones. Aunque no puedes forzar a tu pareja a hacer lo mismo, necesita darse cuenta de cuáles de tus propios comportamientos le están permitiendo hacerlo. Si eres una persona codependiente, definitivamente hay al menos una cosa que estás haciendo que está permitiendo el comportamiento destructivo de tu pareja. Puede parecer que simplemente estás siendo cariñoso y solidario, pero en el fondo, probablemente sabes lo que estás haciendo. El comportamiento facilitador es algo que da luz verde a tu pareja, diciéndole que está actuando de la manera que debería. Es algo que les dará aliento o validación para actuar de una manera que sólo les sirva a ellos y a sus necesidades. Piensa en todas las cosas que has hecho a lo largo de la relación que sólo ha servido a tu pareja. Tienes que ser consciente de que esto es parte del problema, la razón por la que te encuentras en esta situación actual.

- **Aceptación:** Para sanar, no necesitas castigarte duramente hasta que sientas suficiente culpa por lo que has permitido. En cambio, necesitas hacer lo contrario. La aceptación es esencial para mejorar. Debido a que no puedes retroceder en el tiempo para cambiar las cosas que has hecho o permitido, necesitas aceptarlas como lo que son. Reconoce las cosas que has hecho y velas por lo que son sin juzgarte a ti mismo. Se necesita mucho valor para mirarse a sí mismo con tanta honestidad y mucha fuerza para poder hacerlo sin juzgarlo. Cuanto más te resistas a una situación, más difícil será defenderse. Esto significa que, si simplemente intentas resistirte a tu relación codependiente, sólo vas a ser más arrastrado. Necesitas aceptar completamente todo por lo que has pasado para darte cuenta de que quieres hacer un cambio. El cual es algo que va a ser muy real, y no una mera solución temporal. Llegar al origen del comportamiento disfuncional y eliminarlo es lo que necesitas hacer si vas a ver algún progreso.

- **Acción:** Cuando tienes suficiente perspicacia para inspirarte a hacer un cambio, la acción viene después. Este es el proceso de hacer algo que resultará en un cambio. Mudarse a tu propio lugar es un ejemplo de cómo actuar. Es una decisión que haces que pondrá distancia entre tú y la persona que ha tomado el control de tu vida. Cuando eres responsable de tu propia vivienda, vas a tener que tomar decisiones. Esta es una gran manera de regresar a una forma racional de pensar. Debido a que vas a estar tan concentrado en volver a empezar y hacer lo que sea necesario, tu mente no va a estar pensando en tu relación pasada. Aunque es normal sentir pena por todo lo que has pasado y probablemente hasta extrañar a la persona con la que estuviste, no hay nada mejor que darte algo que hacer si realmente quieres superar la relación. Esta es tu oportunidad de corregir todas las malas acciones que han sido programadas para pensar que es la única forma de vivir. Al ir a través de tu nueva vida, te verás obligado a volver a aprender todas las habilidades necesarias para salir adelante. Este puede ser un momento increíblemente difícil y solitario, especialmente cuando estabas tan acostumbrado a depender de alguien más para hacer estas cosas para ti. Asegúrate de tener un sistema de apoyo fuerte que te animará a lo largo del camino.

Aunque la codependencia se considera un problema de relación en los tiempos modernos, debes darte cuenta de que la codependencia en realidad proviene de tu propio comportamiento. Incluso si tienes problemas importantes con tu pareja, debe ser capaz de responder por tus propias acciones que contribuyen a estos problemas. No es un problema de relación estándar que pueda ser discutido una vez y luego olvidarlo. Debido a que la codependencia es un estilo de vida y, para algunos, una enfermedad, hay más trabajo por hacer. Debes comprender que las señales que envías a tu pareja son un factor que contribuye a tu relación codependiente. Aunque no deberías albergar toda la culpa, necesitas entender que tú también juegas un papel importante en la disfunción. Esta es la razón por la cual es importante que tomes acción cuando se trata de terminar y sanar de una relación codependiente.

Este tipo de ruptura va a ser diferente a la tradicional. Con otras rupturas, normalmente hay un punto en el que te das cuenta de que ya no quieres que estén juntos. Entonces podrás recordar por qué no eres compatible en este momento, lamentar la relación y luego seguir adelante. Con la codependencia, necesitas tomar la decisión consciente de apartarse. Puede que no te sientas preparado para terminar la relación; puede que te parezca la peor decisión del mundo. Incluso puede resultar en que te sientas como si no pudieras seguir viviendo sin tu pareja. Esta es la razón por la cual debes terminar las cosas antes de que progresen hasta el punto de debilitarse por completo. La codependencia te quita partes de ti cada día, y pronto, no te quedarás con nada en absoluto. Cuando tu pareja tiene todo el control o hace que anheles el control, ambos están actuando desde un lugar de poder. Lograr el control es lo que hará que una persona se sienta satisfecha en una relación codependiente, no de amor y cuidado. Cuando tus necesidades no están siendo satisfechas, tiene sentido que tengas que esforzarte por algo más para mantenerlo "feliz". Todo es sólo una lucha de poder.

Romper no siempre va a ser la solución. Cada relación es diferente, a pesar de su etiqueta codependiente. Cuando la gente está involucrada en una relación como ésta, es muy probable que ya se haya vuelto tóxica para el momento en que una persona decide que es necesario un cambio. Regresar a este tipo de comportamiento es extremadamente difícil y puede causar mucha tensión entre los individuos. La mejor manera de sanar es aprender a estar solo. Para una persona codependiente, existe un gran estigma en torno a hacer algo solo. Sin embargo, es lo que es necesario para volver a aprender lo esencial de la vida diaria. La satisfacción que obtendrás cuando satisfagas tus propias necesidades es inmejorable. Antes de que alguien más pueda darte eso, deberías poder dártelo a ti mismo porque te lo mereces.

Reforma de las Relaciones

Si sientes que romper con tu pareja no es una opción realista, por razones de seguridad o por incapacidad genuina, entonces lo primero que debes hacer es establecer límites. Este es un cambio inmediato que necesita pasar cuando decides que vas a tratar de resolver las cosas. Debido a que una relación codependiente es tan desigual, querrás distribuir más poder a la persona que no lo tiene. Establece límites que sientas que son razonables y que te hagan feliz. Necesitas pensar en tus propias necesidades, en los deseos más profundos que tienes miedo de compartir con tu pareja. Cuando tengan alguna conversación sobre tu relación, asegúrate de que ambos se lo estén tomando en serio. Hablen de las cosas en un ambiente tranquilo y privado. No termines la conversación antes de proponer algún tipo de solución que puedan probar juntos.

Trabajar en una relación requiere compromiso. Es estupendo que sientas que eres lo suficientemente fuerte para cambiar las cosas y trabajar en ellas para mejorarlas, pero debes asegurarte de que tu pareja también lo haga. Si no están en la misma página, tus esfuerzos serán en vano. No hay necesidad de presionarte a ti mismo a ningún límite si sabes que tu pareja no siente lo mismo. No debe haber ninguna forma de convencerlo de que cambie o de pedirle que reconsidere la relación. Si ellos sienten lo mismo que tú, entonces ya estarán a bordo cuando menciones que te gustaría trabajar en las cosas. La terapia es una gran opción para las parejas. Les proporciona un espacio seguro para resolver sus problemas en presencia de una fuente externa que actúa como mediador. Muchas parejas afirman que la terapia es lo que salvó su relación. Un terapeuta va a ser capaz de ayudar a ver las cosas desde otra perspectiva, informándoles a ambos de los patrones que se ven dentro de su relación. Puede ser una experiencia muy perspicaz y útil.

La comunicación es absolutamente necesaria cuando se trabaja con problemas de codependencia. Si sientes algo, no debes reprimirlo. Dile a tu pareja exactamente cómo te está haciendo sentir su comportamiento y viceversa. Todo el problema de la codependencia se deriva del hecho de que estás actuando como un facilitador. Recuerda, cuando no dices nada acerca de los comportamientos que te molestan, los estás haciendo cumplir. Al hablar con tu pareja, le vas a demostrar que no estás de acuerdo con ser tratado como una opción en su vida. Mereces que te conviertan en una prioridad. Cuando se comportan de maneras que no entiendes, enfréntalos al respecto. Trata de comprender por qué sienten la necesidad de hacer estas cosas. No tienes que entrar en una discusión al respecto, pero haz lo mejor que puedas para indagar más profundamente y averiguar qué es lo que realmente están pensando. En cierto modo, ambos deben reconstruir su confianza. Todo lo que queda en pie sólo está ahí debido a una dinámica desigual. Debe haber una oportunidad justa de expresarse desde ambos lados de la relación, y se debe dar prioridad a la forma en que se tratan uno a otro.

Capítulo 11: Ejercicios

No importa cómo se vea tu viaje, vas a necesitar tiempo para sanar de la codependencia. Ya sea que termines la relación o decidas arreglarlo con tu pareja, lo que más importa cuando se trata de sanar es que te sientas completo. Necesitas estar saludable en un sentido físico, espiritual y emocional. Estos ejercicios tienen la intención de tomar tus viejos hábitos y convertirlos en nuevos y productivos que están destinados a servirte bien. Para cuando hayas completado tu viaje de sanación, debes sentirte refrescado y renovado. Si quisieras buscar una nueva relación, estarías en el punto de hacerlo. Es muy importante que te tomes el tiempo para pasar por el proceso de sanación, de lo contrario, puede ser muy fácil volver a una relación codependiente sin darte cuenta.

Afirmaciones Positivas

A medida que vas a través de tu sanación, es una buena idea crear algún tipo de mantra para ti mismo. Esto se puede recitar cuando estás teniendo dificultades para seguir adelante, o cuando simplemente necesitas un recordatorio de cómo mereces ser tratado. Las afirmaciones positivas son enteramente personales, así que puedes inventar cualquier mantra para recitar algo que te haga sentir bien. Para empezar, si no puedes pensar en uno, puedes utilizar este: "Soy un ser espiritual lleno de luz y amor." Esto te recordará que estás haciendo lo mejor que puedes y que necesitas permanecer calmado y positivo acerca de tu situación. Un mantra es genial para darte un impulso extra de confianza cuando más lo necesitas.

Si lo deseas, puedes crear mantras diferentes para situaciones diferentes. Prueba unos cuantos para descubrir a cuáles respondes mejor. La sanación de una relación codependiente implica mucho trabajo que debe ser hecho en ti mismo. Puede sentirse abrumador y confuso a veces, por lo que estas afirmaciones positivas tienen la intención de hacerte sentir que tienes apoyo. Hay mucho poder en saber que puedes apoyarte a ti mismo con éxito y superar algo que está tan lleno de confusión emocional. Tu mantra hará que te veas a ti mismo positivamente, que es exactamente lo que necesitas mientras intentas aprender y superar la situación en la que estabas.

Trabajo Infantil Interno

Imagínate que eres tú mismo a los 5 años de edad, nuevo en el mundo y que sigues aprendiendo sobre sus formas. Escribe todas las cosas que crees que esa niña merece, sin parar nunca hasta que sientas que la lista está completa. Es probable que puedas escribir muchas cosas. Ahora, escribe algunas razones por las que se merece estas cosas. ¿Eres digna del amor? ¿Tienes un gran corazón? Ahora, ve lo que has escrito y recita todo en voz alta. En lugar de mencionar al niño, sustituye esas palabras para reflejar tu yo actual. Puedes intentar leer esto delante de un espejo para lograr un mayor impacto. Tanto como creas en cada palabra amable como la escribiste para esa versión de 5 años de edad de ti mismo, piensa en cómo sigues siendo la misma persona que también merece todas estas cosas buenas.

Esto puede ser un ejercicio emocionalmente desafiante. Incluso puede hacer que te sientas incómodo, pero es lo que necesitas hacer para creer realmente que mereces un mejor trato. No dejarías que nadie abusara o se aprovechara del niño que una vez fuiste, así que ¿por qué dejarías que esto te pasara como adulto? Trata de llegar al origen de esta causa, explorando las diferentes etapas de tu vida. ¿Hay algún punto en el que te hayas traicionado a ti mismo? ¿Dejaste de esforzarte por obtener un mejor trato debido a tu pareja controladora? Este ejercicio te permitirá obtener estas respuestas si eres paciente. Puede que necesites practicar esto varias veces antes de permitirte abrirte de verdad. Ser vulnerable puede ser difícil, especialmente para aquellos que alguna vez estuvieron en una relación codependiente.

Desapego

El lenguaje corporal es importante en cualquier interacción. Puede decir mucho sobre cómo se siente una persona. Presta atención a tu propio lenguaje corporal. Esto incluye la forma en que te pones de pie, la cantidad de contacto visual que haces y los gestos que incorporas en tus conversaciones. Al hablar con diferentes personas, también puedes estudiar su lenguaje corporal. Podrás decir mucho acerca de alguien haciendo esta simple observación. Cuanto más te familiarices con las diferentes señales no verbales, mejor podrás comprenderte a ti mismo. Es posible que descubras que cuentas las mismas historias una y otra vez, o que evitas el contacto visual porque tienes miedo de que la gente sepa exactamente cómo te sientes. A medida que seas más consciente de las cosas que haces, podrás ser más honesto contigo mismo.

A medida que te vuelves más consciente de la forma en que hablas, en realidad te estás separando de la persona con la que estás hablando y te estás permitiendo tener tus propios pensamientos. Trata de darle a la otra persona tus propias reacciones genuinas, libres de influencia. Es posible que descubras que, dentro de tu relación codependiente, se te hizo sentir como si *tuvieras* que responder de una cierta manera o de lo contrario, esto causaría una pelea. Deja ir la idea de que podrías decir accidentalmente algo incorrecto porque tus propios pensamientos e ideas son válidos. Tomar conciencia de cómo te comunicas va a actuar como un botón de reinicio que te permitirá volver a sentirte cómodo.

Límites de la Vergüenza

Como una persona codependiente, probablemente estás acostumbrado a vivir en un estado constante de vergüenza. Hay una lucha interna que ocurre cuando tu pareja parece que nunca está satisfecha contigo, pero también te estás quedando corto al no asegurarte de que tus propias necesidades básicas sean satisfechas. Esto puede crear mucha vergüenza tóxica porque es probable que siempre sientas que estás haciendo algo mal o cometiendo un error. Esta narrativa no es tu culpa; estar con una pareja que te engaña para que te sientas de esta manera puede ser extremadamente confuso una vez que estás fuera de la relación. A medida que trabajas en tu proceso de sanación, es importante que desentrenes estos comportamientos. Necesitas dibujar un límite entre tu yo codependiente y tu verdadero yo. Al principio, esto puede sonar imposible para ti porque eres una sola persona. Busca más profundamente y escucha lo que tu vergüenza realmente te está diciendo. ¿Cuáles son las cosas que te gustaría haber hecho o dicho?

Aunque nunca debes reprimir completamente tus sentimientos, está bien dejar ir la vergüenza. Acepta que una vez te sentiste así, y luego comprométete contigo mismo por algo mejor. Saber que tienes derecho a existir sin ser validado por tu pareja u otra persona. Cualquier acción negativa que se te hizo estaba arraigada en la profunda inseguridad que sentía la otra persona. No hay nada que pudieras haber dicho o hecho diferente porque no era correcto que esa persona te tratara de esa manera en primer lugar. Así como tú tienes que sanar, ellos también. No es tu trabajo arreglarlas, pero debes asegurarte de que te sientes bien contigo mismo. Aprende a aceptar quién eres realmente como persona. Actúa como si estuvieras empezando de nuevo, primero conociéndote a ti mismo.

Entorno Positivo

Las personas con las que elijas pasar tu tiempo mientras te estás sanando van a tener un gran impacto en ti. Asegúrate de mantener tu círculo de personas cerca durante este tiempo porque permitir demasiada influencia externa puede distraer. Querrás relacionarte solamente con aquellos que sabes que tienen su mejor interés en el corazón. Pasa tiempo con las personas que realmente se preocupan por ti y quieren verte triunfar. Si recibes alguna negatividad o culpa de alguien en tu sistema de apoyo, debes reconsiderar por qué los estás manteniendo en tu vida en este momento. Cualquier cosa como esto tiene la habilidad de confundirte aún más y retrasar tu proceso de sanación. Aquellos que realmente se preocupan por ti van a estar felices de ver que recuperas tu libertad. No debe haber indicios de celos o negatividad.

Pasa tiempo con aquellos que piensan de la manera que a ti te gustaría pensar. Las personas con características positivas son muy buenas para estar cerca de ellas. Terminarás aprendiendo mucho cuando

pases tiempo con otros que también estén involucrados en el amor propio. Tener un mentor durante
este tiempo es una gran idea. Se trata de una persona
en la que deberías poder confiar y a la que deberías
acudir en busca de consejo. Tu mentor debe ser alguien que conozca tu situación y pueda ver un plan
para tu futuro. Trabajar para tratarte mejor a ti mismo con la ayuda de otra persona también te hace responsable de tus acciones.

Autoexpresión

Escribir puede ser una buena manera de expresarse. No tiene que ser formal o estructurado; la escritura libre es un hábito muy beneficioso para adquirirlo. Cuando estés escribiendo libremente, permítete anotar cada palabra exactamente cómo te viene a la mente. Asegúrate de elegir un lugar tranquilo y reserva una cierta cantidad de tiempo para ti. Puedes comenzar con 10 minutos al principio, pero probablemente descubrirás que querrás seguir escribiendo por más tiempo que esto. Si adquieres el hábito de la escritura libre, tus pensamientos se aclararán y tus emociones serán más fáciles de expresar. A menudo, los individuos codependientes sienten que su libertad ha sido despojada. Escribir es una forma de recuperarla y también el control. Cuando escribes, no hay reglas que debas seguir o expectativas que debas cumplir. El ejercicio se trata únicamente de tu propia autoexpresión.

Si sientes que escribir no funciona, puedes buscar diferentes maneras de expresarte. La danza y el arte son otras dos opciones válidas que puedes elegir.

Cualquier cosa que promueva la creatividad va a ser una manera saludable de acostumbrarse a vivir tu propia vida de nuevo. La autoexpresión es importante porque puedes mostrarle a la gente exactamente quién eres. También puedes aprender mucho sobre ti mismo. Siempre debe haber por lo menos una actividad en la que puedas confiar en tu vida para darle una sensación final de libertad. Las actividades creativas tienden a adaptarse muy bien a estas necesidades. Prueba diferentes pasatiempos hasta que encuentres el que sea perfecto para ti. Es posible que se necesite un poco de prueba y error antes de que seas capaz de encontrar tu pareja ideal.

Amarse a sí mismo

Poder decir que te amas a ti mismo es un paso positivo que requiere mucho esfuerzo. Cuando estás en una relación codependiente por tanto tiempo, es posible que te olvides de cómo amarte a ti mismo. La codependencia te obliga a poner tus propias necesidades en segundo plano mientras te concentras en las de tu pareja. Cualquier cosa que quieras no va a ser una prioridad. Entonces, ¿cómo vuelves a centrarte en ti mismo después de haber salido de una relación codependiente? Es posible que estés perdido con la forma de comenzar tu viaje de amor propio. Todo el estrés que se ha acumulado durante tu relación ahora se va a sentir mientras tratas de ir a través de la vida de manera independiente. Puede ser difícil incluso determinar una sola cosa que amas de ti mismo. El proceso no ocurre de la noche a la mañana, así que no agregues presión innecesaria a tu situación.

Si te faltan las palabras, tómate un tiempo para sentarte solo y hacer una lista de todas las cosas en las que eres bueno. ¿Cuáles son algunas de las carac-

terísticas que encuentras admirables en ti mismo?
¿Eres bueno con la gente? ¿Te gustan las habilidades
de aprovechamiento? Al bajar la guardia, podrás reconocer las cosas en las que te destacas. Sé amable
contigo mismo y trata de no emitir juicios innece-
sarios. La negatividad no te va a ayudar a tener éxito
como persona independiente. Necesitas ser tu propio sistema de apoyo hasta que puedas buscar a otros
que también te apoyen. La lección a aprender es que
debes ser capaz de confiar en ti mismo antes que en
cualquier otra persona.

Capítulo 12: Feliz de Ser Yo

Lograr la felicidad se basa en tu capacidad de ser feliz como persona que eres. Ser capaz de decir que sientes verdadera felicidad debería significar que no necesitas depender de nadie para llegar a este punto. Ser autosuficiente es el estado de ser que debes tratar de lograr. Debes ser capaz de satisfacer todas tus necesidades, en primer lugar, antes que nadie. Siempre que conozcas a la persona adecuada que hará estas cosas bonitas por ti, serán mucho más apreciadas. Recuerda que tu felicidad viene de dentro. Siempre va a venir desde dentro, no importa por lo que estés pasando. Esto puede ser difícil de creer cuando has estado tan acostumbrado a vivir para otra persona. Confía en ti mismo y que sepas que tienes la habilidad de hacerte feliz. Usando estos métodos, puedes aprender a amarte realmente a ti mismo:

- **Diviértete Solo:** Hay tantas cosas que hacemos por diversión en las que nos dejamos creer erróneamente que necesitamos a otra persona para hacerlas. Demuestra que eres capaz de divertirte sin la ayuda de nadie más. Sal a ver una película o ve a ver un concierto. Las cosas que disfrutas hacer deben ser divertidas sin importar con quién estés, si es que estás con alguien. Estar cómodo con estar solo se vuelve más fácil cuando la situación es alegre. Divertirse es una distracción bienvenida cuando estás lidiando con el dolor de tu relación codependiente.

- **Ve el Mundo:** Permítete la oportunidad de hacer un viaje en solitario. No es necesario volar a través del país para tener esta experiencia. Incluso un simple viaje por carretera a la siguiente ciudad puede ser suficiente para sentir las ganas de viajar. Cuando puedas ver otras perspectivas, serás capaz de reducir tus problemas a un nivel apropiado. El objetivo de hacer viajes en solitario es llegar a pasar algún tiempo de calidad contigo mismo. Podrás hacer exactamente lo que quieras cuando quieras. Mucha gente se da cuenta de que realmente disfruta viajar sola de vez en cuando porque le da la oportunidad de aprender más sobre sí misma.

- **Deshazte de tu Zona de Confort:** Cuando eres capaz de liberarte de tu rutina habitual, es entonces cuando el mejor autodescubrimiento tiende a suceder. Haz todo lo posible para decir sí a cosas a las que normalmente no dirías sí. Date la oportunidad de experimentar todas las cosas que has estado demasiado asustado para hacer mientras estabas involucrado en tu relación codependiente. Hay probablemente algunas cosas que vienen a la mente que crees que te has perdido. Aprender a amarte a ti mismo es tu oportunidad de recuperar esos momentos que mereces y experimentar las cosas que siempre has querido.

- **Haz Tiempo Para Relajarte:** El tiempo de inactividad es importante; todos lo necesitamos si queremos funcionar a toda nuestra capacidad. Aprovecha este tiempo para relajarte un poco. Muchas veces, nuestro tiempo libre se llena con mandados o más tareas que completar. Trata de hacer espacio para al menos unas cuantas horas de relajación a la semana. Ya sea que se trate de un masaje en el spa o de un relajante baño en un jacuzzi, mereces relajarte y reiniciar tu mente. Mientras que la vida puede ser impredecible, necesitas asegurarte de que siempre tienes por lo menos un poco de tiempo para relajarte.

- **Aprende A Decir No:** Decir no es un gran paso cuando se trata de aprender a amar lo que eres. Todos tenemos la capacidad de sentirnos presionados por otras personas para actuar de cierta manera. Cuando es posible que estemos agotados más allá de lo creíble, todo lo que se necesita es una petición convincente antes de que estemos sobre esforzándonos cuando en realidad no teníamos que hacerlo. Tienes derecho a decir que no cuando lo desees. No tienes que sentirte culpable por hacerlo. Practicar esto te devuelve tu poder. Te da la oportunidad de tomar tus propias decisiones.

- **Reconoce tus Logros:** Cuando haces algo bien, ¡alábate por ello! Mereces sentirte orgulloso de todo lo que has logrado. En lugar de esperar a que otras personas te validen, date el reconocimiento que te mereces. Al escuchar todas las cosas positivas de las que eres capaz, inevitablemente aprenderás a amarte más a ti mismo. A todos nos vendrían bien recordatorios de vez en cuando sobre lo que somos capaces de conseguir. Toma el asunto en tus propias manos expresando tu apoyo a ti mismo.

- **Crea un Pizarrón de Visualización:** Tu pizarrón de visualización debe ser una colección visual de tus metas. Puedes recortar fotos de revistas o incluso dibujarlas si te apetece. Reúne tantos ejemplos como puedas de tu vida ideal y colócalos juntos en un pizarrón sobre la que puedas reflexionar con frecuencia. Una vez que hayas completado tu pizarrón de visualización, puedes colocarlo en un lugar donde te asegurarás de verlo todos los días. Servirá como un recordatorio de lo que es posible cuando aprendas a amarte a ti mismo.

- **Practica el Amor Propio con Frecuencia:** El amor propio es esencial si deseas sentirte positivamente contigo mismo. Si afirmas que estás en un viaje de amor propio, pero no respetas tu estado físico y mental, entonces va a ser difícil adquirir confianza para ti mismo. Tus acciones tienen que coincidir con lo que dices. Escucha lo que tu cuerpo y mente realmente necesitan. Asegúrate de que estás satisfaciendo estas necesidades de manera regular, y verifica contigo mismo con frecuencia.

Autorrelajación

La manera en que aprendemos a calmarnos cuando somos bebés es lo que se puede describir como autorrelajación. Puede ser difícil para un bebé sentirse lo suficientemente cómodo para dormir solo durante la noche. Hay diferentes maneras en que los padres tratan de enseñar a sus hijos a calmarse a sí mismos, y esto puede tener un gran impacto en la forma en que manejan sus emociones como adultos. La idea detrás de la autorrelajación es que el niño debe aprender a hacer esto por sí mismo. Deben aprender a hacer cosas que les hagan sentir mejor. Un padre sólo puede darle a su hijo el amor y el apoyo, pero en última instancia, la autorrelajación debe aprenderse de manera independiente. Un niño que ha dominado el arte de calmarse a sí mismo va a ser uno que es capaz de permanecer dormido cuando se le coloca en su cuna. Si se despiertan en medio de la noche, encontrarán consuelo en su entorno para volver a dormirse.

Un padre ayuda al niño a aprender a hacer esto creando una rutina para la hora de acostarse. La cual establece una sensación de seguridad. Este es un tiempo que se supone que debe ser seguro y relajante sin estresantes. Cuando formamos estos hábitos a una edad temprana, vamos a ser más propensos a continuarlos en la adultez. La rutina debe estar compuesta de unos cuantos pasos diferentes, pero no tiene por qué ser demasiado complicada. Puede incluir algo como ponerse el pijama y luego leer un cuento para dormir. Cuando un bebé sabe lo que puede esperar al caer la noche, es menos probable que sea quisquilloso.

Podemos tomar las técnicas de autorrelajación que aprendimos cuando éramos niños y usarlas hasta la adultez. Si te sientes abrumado por la vida, utiliza los métodos que te enseñaron. Ponte tu atuendo cómodo favorito y en un estado de relajación mental. Ya sea que te guste leer o sentarse y ver uno de tus programas favoritos, tu meta es entrar en una mentalidad en la que puedas descansar sin aferrarte a ninguna negatividad o ansiedad. Si nunca te enseñaron estas cosas durante la infancia, no es demasiado tarde para aprenderlas ahora. Encuentra las cosas que te permiten bajar la guardia y experimentar alguna vulnerabilidad.

Disfrutar del Tiempo a Solas

Estar solo es a menudo estigmatizado como algo que debería sentirse solitario o incómodo. En realidad, pasar tiempo solo es extremadamente saludable para mantener tu amor propio. Cuando haces las cosas solo, tienes el control total de la situación. Puedes decidir lo que te gustaría hacer y cuándo hacerlo. Al eliminar los factores externos que normalmente intervienen, debes confiar en ti mismo para pasar un buen rato a solas. Este puede ser un concepto aterrador, especialmente para alguien que está saliendo directamente de la codependencia. Comienza con algo pequeño al principio para no abrumarte. No es necesario que te aísles durante horas cada vez, forzando el tiempo en solitario. Haz lo que te parezca correcto.

El poder sentarse en casa y simplemente disfrutar de tu propia compañía es un gran punto de partida. Deshazte de todas las distracciones que te permitan comunicarte con otras personas. Es posible que tengas que poner el teléfono en la otra habitación para evitar la tentación de enviar mensajes o llamar a un amigo. Ve la televisión, escribe en tu diario o cocina tú mismo. Hacer cualquiera de estas cosas puede calificar como tener algo de tiempo a solas. A medida que te sientas más cómodo, puedes intentar salir de tu casa y hacer cosas como salir a comer o explorar un museo. Cuanto más tiempo pases solo, más cómodo te sentirás contigo mismo. Esto hace que sea más fácil practicar el amor propio.

Realmente tendrás la oportunidad de aprender acerca de lo que te gusta y lo que no mientras pasas tiempo solo. Estar involucrado en la codependencia a menudo puede borrar estas partes de ti mismo. No te sientas alarmado si sientes que has perdido el contacto contigo mismo en este nivel. Todavía tienes la habilidad de aprender acerca de quién eres. Es posible que descubras algunas cosas sobre ti que nunca antes habías conocido, lo que te hará enamorarte de ti mismo. Es una gran sensación cuando eres capaz de sorprenderte de una manera tan positiva como esta. No confundas amor propio con egoísmo. Mientras que representas ciertos papeles en la vida de otras personas, también lo haces en tu propia vida. No te avergüences de conocer a este individuo. Puede ser difícil bajar la guardia, pero sucederá con el tiempo. Es muy importante que practiques mucha paciencia mientras exploras este próximo capítulo en tu proceso de sanación. Al igual que el autorrelajarte, nadie más va a ser capaz de pasar este tiempo a solas contigo mismo. Tú eres el que debe facilitar la acción.

Separación del Resultado

Como tu objetivo es vivir una vida feliz mientras haces las cosas que quieres hacer, es importante que vivas en el momento. Este es un cliché que probablemente has escuchado innumerables veces, pero es un truco útil para superar tus hábitos codependientes. La codependencia gira en torno al "qué pasaría si". Probablemente pasaste mucho tiempo en tu relación pensando qué pasaría si tu pareja te dejaba, o qué pasaría si tu pareja se enfadaba. Esta es una forma de vida que surge de la preocupación por el pasado o el futuro. Probablemente era imposible para ti concentrarte en el presente debido a tus preocupaciones.

Cuando eliges convertirte en una persona más feliz, estás eligiendo vivir tu vida mientras permaneces separado del resultado. Esto significa que estás reconociendo conscientemente que no puedes controlar cada aspecto de tu vida; hay demasiados factores externos involucrados. Todavía se requiere conciencia, pero también debes aprender cuándo dejar ir tus preocupaciones. Si sabes que eres una buena persona y te amas a ti mismo, puedes confiar en que tomarás las mejores decisiones que puedas. Al rodearse también de grandes personas, esta es tu manera de ganar tanto control sobre tu entorno como puedas. Estas son las pequeñas cosas que puedes garantizar, pero que sepas que hay mucho en la vida que no es una garantía.

Si estás teniendo problemas con tu separación del resultado, considera lo que podría estar deteniéndolo. Probablemente hay muchas preocupaciones reprimidas con las que todavía estés lidiando, especialmente si acabas de terminar tu relación codependiente. Trabaja a través de estos sentimientos permitiéndote sentirlos, pero sólo permítete a ti mismo permanecer en esta mentalidad por un cierto lapso de tiempo. Mereces tomarte el tiempo para procesar lo que estás sintiendo, pero también debes asegurarte de seguir adelante. Si nunca lo haces, tu vida nunca continuará. El impulso es lo que te llevará al siguiente paso. Atrae las cosas que te hacen sentir bien y reconoce las cosas que no lo hacen sin darles tu poder.

¿Estás disfrutando de este libro? ¡Por favor, considera dejar una reseña!

Capítulo 13: La Vida Después de la Codependencia

Después de que hayas estado viviendo independientemente por un tiempo, asegúrate de consultar contigo mismo con frecuencia. Asegúrate de que sigues acatando los nuevos hábitos que te has impuesto. Determina si te sientes más feliz de lo que te sentías antes. La sanación de una relación codependiente toma tiempo, y es posible que tengas que probar diferentes métodos para poder vivir realmente para ti mismo. Recuerda, tu vida no termina sólo porque tu relación codependiente lo hizo. Mientras más puedas vivir tu vida y permanecer feliz, más crecimiento verás. Considera estas cosas cuando te estés comunicando contigo mismo:

- **¿Se Están Satisfaciendo Tus Necesidades?:** Considera las cosas que haces por ti mismo para asegurarte de que tienes lo que quieres en la vida. Recuerda, obtener lo que quieres requiere esfuerzo. La mayor parte del tiempo, puede ser fácil concentrarse en otra persona, incluso después de salir de una relación codependiente. Por ejemplo, podrías tratar de hacer de las necesidades de tus amigos una prioridad sobre las tuyas porque todavía tienes el hábito de ignorar tus necesidades. Asegúrate de que no estás simplemente encontrando a alguien más con quien volverse codependiente. Que sepas que necesitas preocuparte verdaderamente por ti mismo y por las cosas que necesitas para hacerlas realidad. Presta atención a tus emociones diariamente porque pueden ser útiles para saber qué es lo que más necesitas.

- **¿Te Estás Divirtiendo?:** El proceso de sanación no sólo tiene que parecer un trabajo. Mientras vas a trabajar en ti mismo, también necesitas equilibrar esto con algo de diversión. Asegúrate de que estás haciendo actividades que te permitan divertir. Pasa tiempo con otras personas que sean despreocupadas y que busquen las mismas actividades. No hay nada malo en soltarse y ser feliz. Mientras que en una relación codependiente, es probable que no hayas tenido muchas experiencias como ésta que giran únicamente en torno a tu propia diversión. Probablemente has olvidado lo bien que se siente al reírse. Cuanto más puedas reír y sonreír, más equilibrarás la química de tu cuerpo. Es por eso que divertirse es beneficioso no sólo para tu salud mental sino también para tu salud física.

- **¿Sigues Protegiéndote?:** Superar una relación codependiente te enseña que está bien bajar la guardia. Al derribar este muro, serás capaz de aprender más acerca de quién eres como persona. Te da la oportunidad de esforzarte verdaderamente hacia lo que quieres de la vida. A medida que empiezas a sentirte cómodo al interactuar de nuevo con los demás, aún necesitas asegurarte de que estás protegido. Si bien no es necesario que vuelvas a levantar los muros, sí es necesario que seas consciente de las intenciones de todos los que te acompañan. Considera si la persona está pasando tiempo contigo para tu beneficio personal, o si realmente disfruta de tu compañía. Toma nota del equilibrio dentro de la interacción; ¿tienes una oportunidad justa para expresarte y tus opiniones? Cuando vives para ti mismo, también debes cuidar de ti mismo y tener en cuenta tus mejores intereses. Si algo te está causando negatividad o angustia, haz lo mejor que puedas para evitarlo.

- **¿Aceptas Lo Que Eres?:** A medida que comienzas

tu viaje de sanación y amor propio, es probable que todavía te estés conteniendo un poco. Es a través del tiempo que realmente te estableces para convertirte en la persona que quieres ser. Esta es la razón por la que es importante que te consultes con regularidad. Necesitas preguntarte si todavía aceptas las cosas que te hacen ser quien eres. Los cambios son de esperar, pero debes asegurarte de que estos cambios se alinean con tu moral y valores. ¿Estás haciendo cosas porque quieres? ¿O las estás haciendo porque sientes que tienes que hacerlo? Responder estas preguntas honestamente puede ahorrarte muchos problemas en el futuro. Aprenderás lo que necesitas hacer para sentirte más cómodo.

- **¿Estás Siendo Gentil?:** El proceso de sanación va a ser naturalmente intenso con la codependencia. Desde el principio, es un gran cambio vivir para ti y no para tu pareja. Vas a necesitar dar un paso adelante y comenzar a tomar decisiones de inmediato o de lo contrario tu vida va a permanecer estancada. Debido a que todo esto continuará siendo una lucha durante tu sanación, asegúrate de que estás siendo tan gentil contigo mismo como puedas. No hay necesidad de castigarte o menospreciarte si extrañas a tu pareja o la vida codependiente que solías tener. Esto es perfectamente *normal*. Todos lo extrañaríamos si fuera nuestro estilo de vida durante un largo periodo de tiempo. Sé amable contigo mismo y asegúrate de que tu voz interior coincida con tus acciones. Puede llegar a ser muy fácil establecerse en un estado mental negativo cuando te estás menospreciando constantemente.

- **¿Te Consideras Tu Mayor Fan?:** Está bien celebrar tus logros. De hecho, ¡es alentador! Permítete sentirte orgulloso de saber que estás superando la codependencia cada día. Cada decisión que tomas por ti mismo te está acercando un paso más a la vida independiente. Algunos días van a ser más difíciles que otros, pero lo que importa es que los estes superando todos. Cuando estás haciendo tu mayor esfuerzo, es alentador reconocerlo. Crear un sistema de recompensas también puede ser beneficioso. Cuando llegues a ciertos hitos, permítete un poco de indulgencia. Come tus comidas favoritas, toma un día de spa o ve de compras. Haz algo que has estado esperando.

- **¿Te Está Yendo Bien con la Autoexpresión?:** Ser capaz de expresar lo que te gusta y lo que no te gusta es esencial. Nos enseñan esta habilidad de niños, pero puede llegar a ser muy fácil de suprimir una vez que te involucras en la codependencia. Tu objetivo es volver a aprender a expresarte. Averigua las cosas que te gustan y habla de ellas. Deja que otras personas sepan por qué te gustan y qué te hace sentir así. Si alguien está haciendo algo que a no te gusta, este también es el momento de hablar. Si simplemente permites el comportamiento sin corregirlo, lo estás autorizando.

Esa persona no siempre va a saber qué no te gusta o qué no está bien para ti. No tengas miedo de hablar, porque tienes el derecho de hacerlo.

- **¿Estás Siendo Apasionado?**: Debes darle sentido a tu vida. Nadie más va a ser capaz de asignarte cosas que te apasionen. Esto es algo que tú debes decidir. Ya sea que te apasione un deporte o tu trabajo, rodéate de cosas que te permitirán perseguir tus pasiones. Esto no significa que debas basar tu vida en torno a estas cosas, sino que se conviertan en grandes puntos focales para cuando no sepas qué hacer. La sanación de la codependencia probablemente te llevará a muchos lugares donde te sientas inseguro acerca de ti mismo y de tus acciones, pero tener tus pasiones a las que recurrir puede ser reconfortante.

Hacerse cargo de tu propia vida significa vivir de la manera en que siempre has querido vivir. Mientras no estés lastimando a nadie en el proceso, no hay razón para sentirse culpable o avergonzado. Te mereces la felicidad tanto como todos los demás en el mundo. Al consultarte con regularidad, necesitas hacerte las preguntas anteriores. Si encuentras que tus respuestas no se alinean, entonces siempre hay espacio para mejorar. Haz cambios hasta que sientas que realmente están cumpliendo con todas tus expectativas. Si tus necesidades están siendo satisfechas y estás participando en actividades y hábitos productivos, entonces automáticamente estará destinado al éxito. Tu propia grandeza puede atraer grandeza adicional.

Recuerda, nadie más va a ser capaz de hacer este cambio por ti. Es realmente un cambio de estilo de vida, y es uno hacia el que necesitas trabajar. Cada día, te esforzarás por alcanzar tus metas hasta que se conviertan en una parte constante de tu vida. De la misma manera que te estableciste en la codependencia, puedes acomodarte a un estilo de vida que realmente te sirva. Al vivir independientemente, puedes decidir lo que sucede. Decides los parámetros para lo que es aceptable e inaceptable. Es importante que la gente llegue a este punto porque sirve como un recordatorio de lo lejos que la vida puede llevarte. Estar atrapado en la codependencia limita lo que sientes que puedes hacer con tu vida. Te permite creer que no puedes hacer más. Libérate de esta mentalidad practicando tus comportamientos independientes.

Obtener Ayuda

Para algunos, la recuperación de la codependencia va a requerir ayuda adicional. Esto no es nada de qué avergonzarse porque la codependencia es una condición muy seria. Altera el estado de tu cerebro y te permite vivir una vida que se basa en ignorar tus propias necesidades y deseos. Este es un tema complejo que a menudo puede parecer demasiado abrumador como para abordarlo solo. Aunque todavía puedes practicar todos los ejercicios de amor propio que ya se han discutido, todavía hay una solución adicional: hablar con un profesional. Hay muchas opciones con respecto a qué tipo de plan de tratamiento puedes buscar. La terapia de conversación es muy beneficiosa para aquellos que sienten que no pueden vivir con éxito un estilo de vida independiente. Un terapeuta va a trabajar contigo en todas estas preocupaciones y dudas. Podrá guiarte a través de ellos mientras te ofrece soluciones prácticas a lo largo del camino. La terapia es como una gran sesión de ventilación que se hace para animarte a hablar de las cosas de las que es difícil hablar.

Muchos individuos codependientes buscan terapia porque es una solución simple para ayudar en el proceso de alejarse de las relaciones dañinas. Tu terapeuta te proporcionará un espacio seguro donde podrás decir exactamente lo que piensas. Para muchos, la terapia es uno de los primeros lugares en los que el individuo recordará la sensación de hablar por sí mismo. Estar silenciado durante tanto tiempo puede permitirte olvidar cómo hablar. Tu terapeuta va a trabajar contigo animándote a que seas sincero y pienses profundamente sobre tus acciones. Es una opción de tratamiento extremadamente beneficiosa que se puede combinar con los ejercicios que ya sabes cómo hacer por tu cuenta. Tu terapeuta también puede hacerte responsable de tu progreso. Si estás tratando activamente de amarte a sí mismo y hacer las cosas que te hacen feliz, una sesión de terapia va a complementar esto en gran medida.

Si no te sientes cómodo con la opción de uno-a-uno, ve si puedes encontrar algún grupo de apoyo local. Un grupo de apoyo se lleva a cabo como una sesión de terapia con un profesional presente, pero hay más personas allí que están luchando con el mismo problema. A través de este tipo de tratamiento, serás capaz de ver que realmente no estás solo en tus luchas. El terapeuta te va a animar a hablar si quieres hablar. Puede que te tome unas cuantas reuniones antes de que puedas sentirte cómodo para hablar, pero eso está bien. El objetivo de un grupo de apoyo es sentir que tienes un equipo detrás de ti que te respalda sin importar en qué etapa del proceso de sanación te encuentres. Es a través de un ambiente como este que serás capaz de encontrar fuerza a través de otros. Escuchar la historia de codependencia de otra persona puede ser justo lo que necesitas para inspirarte a cambiar la tuya.

Terapía de parejas también es una opción viable si estás terminando una relación codependiente, pero aun así permaneces con la misma pareja. Como se mencionó, esto es mucho más difícil de superar en gran parte del tiempo porque la relación va a permanecer intacta. Hacer cambios sin dejar de estar involucrado con el mismo individuo puede causar una falta de motivación o peleas adicionales. Esta es la razón por la que ver a un terapeuta juntos puede darle la oportunidad a cada uno de hablar sobre cómo se siente. El profesional va a actuar como un mediador que está dispuesto a escuchar ambos lados de la historia. Va a ser capaz de ofrecerte tanto consejos como ejercicios para practicar, pero en última instancia todo se reduce a la voluntad de ambos para salvar la relación. Si ambos están dispuestos a hacer cambios y buscar ayuda, entonces la relación tendrá una oportunidad de luchar. Por mucho que quieras arreglar las cosas, sí tu pareja no muestra ningún interés, entonces la terapia de pareja no va a hacer ninguna diferencia.

Conclusión

A través de esta guía, has aprendido que el comportamiento codependiente en realidad puede conducir a una enfermedad mental grave llamada trastorno de personalidad dependiente (TPD). Los que sufren de TPD experimentan la incapacidad de actuar en situaciones que requieren toma de decisiones. El individuo preferiría que su pareja tomara el control para no tener que responsabilizarse de sus propias acciones. También hay una incapacidad para pasar largos períodos de tiempo solo. Los individuos codependientes prosperan gracias al apoyo que sienten mientras están con sus parejas, por lo que es poco probable que actúen de manera independiente. El TPD puede llegar a ser tan severo que la persona codependiente puede sentir que nunca quiere salir de la casa porque sólo desea pasar tiempo con su pareja. Las amistades y otras relaciones a menudo se dañan debido a este comportamiento aislante. Cuando los que están fuera expresan preocupación por la situación, es probable que el individuo codependiente se ponga a la defensiva o se enoje. A sus ojos, deben hacer todo lo posible para hacer feliz a su pareja, aunque eso signifique sacrificar otros aspectos de su vida.

Mientras que la codependencia no es realmente una condición diagnosticable, TPD sí lo es. No todas las personas que muestran síntomas de codependencia necesariamente están sufriendo de TPD, pero seguramente están en el camino hacia él. Sólo un profesional médico puede confirmar tal diagnóstico, pero es importante que reconozcas los síntomas en ti, en tu pareja o incluso en alguien más en su vida que te importe. A menudo arraiga en problemas de abandono infantil, la codependencia lleva a un individuo a creer que sus necesidades son secundarias a las de su pareja. La manera en que una relación puede volverse codependiente es cuando este factor se mezcla con los comportamientos destructivos de su pareja. Algunas veces, pero no siempre, la pareja es en realidad una persona que abusa de las sustancias. Al actuar de manera codependiente, el individuo se convierte en un facilitador del comportamiento negativo de su pareja.

Hay dos papeles muy claros en una relación de codependencia: una persona tomará todas las decisiones y la otra apoyará a su pareja sin importar qué. Esto puede parecer un acuerdo unilateral, pero puede ser engañoso. El individuo codependiente a veces puede llegar a ser tan controlador como su pareja. Debido a que sienten la satisfacción de ser necesitados, a menudo tratan de manipular situaciones para hacer que su pareja sienta que siempre deben estar cerca de ellos. Ambos individuos comenzarán a prosperar en esta dinámica. Una persona mostrará un comportamiento terrible, y la otra persona lo permitirá. Este es el tipo de relación que se establece a su manera, incluso cuando las cosas empiezan a volverse tóxicas. Hay casos en los que una persona codependiente puede negarse a abandonar la relación, incluso a pesar del comportamiento abusivo de su pareja. La dedicación a la relación es demasiado fuerte para liberarse de ella.

Está claro que hay un gran énfasis en la salud emocional del individuo codependiente. La pareja normalmente utilizará esto en su beneficio, dando la atención individual que se desea para continuar con el comportamiento destructivo. Sin embargo, esta es la única necesidad que se satisface en una relación de codependencia. Un individuo codependiente se invertirá tanto en su pareja que incluso comienza a ignorar su necesidad básica de felicidad. Incluso cuando desean más de su pareja o cuando desean que él o ella detenga sus formas destructivas, es probable que el individuo codependiente no hable por miedo a perder la relación. En cambio, reprimen sus propios sentimientos cada vez más, hasta que finalmente se olvidan de ellos. Esto se vuelve increíblemente dañino, y también pone al individuo en riesgo de estar en una situación de abuso a largo plazo. El individuo codependiente debe ser capaz de reconocer que algo necesita cambiar dentro de la relación antes de que él o ella pueda obtener ayuda. Esta es la parte difícil.

Señales A Las Que Se Debe Prestar Atención

Ahora que estás familiarizado con el concepto de codependencia, es probable que puedas observar las señales de alerta y tener una indicación básica de la salud de tu propia relación. Recuerda, estos son algunos de los comportamientos que encontrarás dentro de una relación codependiente:

- Inventar excusas para el comportamiento de tu pareja
- Sentimientos reprimidos de ira y resentimiento
- Preocupación frecuente por tu pareja
- Incapacidad para hacer frente a comportamientos hirientes
- Ser influenciado por el estado de ánimo de tu pareja
- Minimizar tus propios sentimientos

Todos estos son ejemplos de comportamientos poco saludables que pueden surgir de relaciones codependientes. Cuanto más tiempo se ignoren estas señales de alerta, más intensa será la relación. Debido a que las cosas pueden salirse de control tan rápidamente, es posible que te des cuenta de que ya estás sobrepasado una vez que te hayas dado cuenta de que puedes identificarte con los rasgos anteriores. Algunas personas no sólo son mentalmente incapaces de poner fin a una relación codependiente, sino que también temen por su propio bienestar debido al abuso. Puede convertirse en una lucha secreta que tal vez nunca obtenga la ayuda que necesita hasta que el individuo hable de lo que está sucediendo. Si encuentras que estás en una relación similar a la que se está describiendo, díselo a alguien en quien confíes. Este es el primer paso para hacer cualquier tipo de cambio dentro de tu situación.

Estar en una relación codependiente no significa necesariamente que tengas que salir con un adicto, pero los patrones suelen ser vistos aquí. Recuerda, un individuo puede ser adicto a muchas cosas diferentes. Aunque el alcohol y las drogas son las principales adicciones de las que tendemos a oír hablar, tu pareja también puede ser adicta a cosas como el sexo, las apuestas, las compras y el trabajo. Es posible volverse adicto a casi cualquier cosa si el comportamiento destructivo está presente. En algunos casos, se puede formar una relación codependiente a pesar de la falta de adicción. Es el tipo de situación que puede ser muy impredecible. Nunca siguiendo las mismas directrices exactas, cada caso va a ser único.

La codependencia no sólo se encuentra en las relaciones románticas. También se puede encontrar en la dinámica padre-hijo. Los niños que han crecido de esta manera son más propensos a atraer una relación de codependencia en el futuro porque esto es lo que siempre han conocido. Una relación parental codependiente puede derivar de ser parte de una gran familia y sentirse ignorado, tener uno o más padres que son adictos, crecer sintiéndose como si no fueras lo suficientemente bueno, que te digan que no se te permite llorar para poder expresarte, y sentir que a nadie le importa tu bienestar. Todas estas son circunstancias muy difíciles para crecer, especialmente porque se supone que un niño debe estar lleno de asombro y curiosidad. La codependencia les obliga a crecer con una sensación de preocupación. Naturalmente, este comportamiento se vuelve muy difícil de corregir si ha estado ocurriendo desde la infancia.

También puedes involucrarte en relaciones codependientes con tus amigos. Cuando has experimentado dificultades en el pasado, es probable que haya un amigo en el que hayas decidido confiar. A medida que te recuperas de tu experiencia, ese amigo probablemente te apoyó en cada paso del camino. Desde estar ahí para ti para desahogarte y darte discursos inspiradores, es bueno tener a alguien así en tu vida que se preocupe tanto. Al igual que todas las demás relaciones codependientes, hay una fina línea entre este comportamiento saludable y la codependencia. Mientras que dependes tanto de tu amigo para pasar por un momento difícil, puede ser difícil para ti separarte de esta persona. Cuando él o ella se dé cuenta, puede que elijan mostrar sus formas destructivas sabiendo que las necesita tanto como ellos a ti. Esto puede convertirse en un suceso tumultuoso en el que te lastimas continuamente.

Debido a que la codependencia es una conducta aprendida, se requiere mucho esfuerzo para desaprenderla. La historia pasada de una persona puede decir mucho sobre sus hábitos actuales. Si alguien ha estado pasando por una situación de codependencia durante años, no es de extrañar que el comportamiento continúe en el futuro. Este es un ciclo que puede ser increíblemente difícil de romper, y la lucha a menudo puede ocurrir en silencio hasta que el individuo decide expresar que necesita ayuda. Lo más importante que hay que recordar es que, a pesar de una educación dura, una persona codependiente elige servir a su pareja porque cree que es "por su propio bien". Esto demuestra que la codependencia está profundamente arraigada en el deseo de una persona de ser lo suficientemente buena para su pareja. Cualquier papel que su pareja necesita ser representado, el individuo va a dar un paso adelante y llenarlo. Seguirán haciendo esto, incluso cuando no estén de acuerdo con el comportamiento. Por lo tanto, la moral y los valores de una persona serán completamente olvidados.

Un individuo codependiente logra su realización a través de otras personas. Hacer la cena por sí mismos no provocaría la misma sensación que hacer la cena para su pareja. Se piensa que, en algún momento de la vida del individuo, se descubrió una fuente de dolor. Ya sea que esto provenga de un trauma pasado o de una dificultad más reciente, esto ha causado un cierre de la capacidad de cuidar de sí mismos. En cambio, toda la atención se pone en otra persona. Cuidar a otra persona permite que la persona codependiente se sienta satisfecha y útil. Al comprometerse totalmente con su pareja, el individuo codependiente se sentirá como si volviera a tener un verdadero propósito en la vida. Debido a que nuestro dolor a menudo nos puede llevar a cuestionar nuestro propósito, tiene sentido que él o ella quiera aferrarse a este comportamiento codependiente si es lo único que les permite sentirlo.

Peligros Implicados

Si bien la codependencia es un rasgo dañino para mantener, debes recordar que hay peligros reales involucrados. Este tipo de relación puede conducir fácilmente a un abuso que es tanto verbal como físico. Hay dos maneras en las que esto normalmente tiende a suceder: el individuo destructivo se aprovechará de su pareja, o el individuo codependiente tratará de obtener el control sobre su pareja. Con la primera, es probable que el abuso ocurra de la manera que esperas. Debido a que el individuo codependiente es sumiso, esto le da a su pareja una oportunidad perfecta para intervenir y tomar el control completamente. Si su pareja tiene inclinaciones narcisistas, esto significa que sólo se preocuparán por obtener beneficios personales, incluso si eso significa herir a las personas que los rodean. Un individuo como este no se detendrá ante nada para conseguir lo que quiere, y debido a que no tiene el deseo de tratar bien a su pareja, es probable que el abuso ocurra.

Hay una gran conexión entre las relaciones codependientes y las narcisistas/empáticas. Esta dinámica se basa normalmente en la desigualdad desde el principio; por lo tanto, facilita que el individuo dominante tome el control. Incluso cuando la persona codependiente trata de enfrentar cualquier abuso o inventa excusas para su pareja, la seriedad de la situación no se vuelve menos grave. Es por eso que es importante que hables si sientes que estás experimentando algo similar. Si ves que le sucede a una persona que te importa, haz lo mejor que puedas para que esa persona sepa que estás ahí para ayudarla. Acercarse a la situación demasiado rápido puede tender a asustar a la gente o hacer que se ponga más a la defensiva. Una simple actitud bondadosa es la mejor manera de apoyar.

El abuso también puede ser visto de una manera diferente. A veces, el individuo codependiente se volverá tan controlador sobre su pareja que decidirá manipularla para asegurarse de que la relación vaya exactamente como quieren. Debido a que son codependientes, no van a ser exigentes con sus propias necesidades. En lugar de ello, el individuo codependiente hará todo lo posible para que su pareja crea que no puede vivir sin ellos y sin su ayuda. Es su propósito servir a su pareja, y se volverán muy protectores sobre la relación. Si el individuo codependiente lo pierde, al principio no sabrá cómo funcionar por sí mismo. Este es un factor impulsor muy grande detrás del abuso que ocurre desde la otra perspectiva.

En general, la codependencia debe ser vista como una condición seria. Debido a que puede volverse tan destructiva tan rápidamente, es importante obtener ayuda. Aunque la terapia de pareja es una opción, la mejor manera de salir de una relación codependiente es ponerle fin. A través de la ayuda de ejercicios de amor propio y tratamiento profesional opcional, tendrás la habilidad de volver a empezar y vivir tu vida más feliz en tus propios términos. Debes cambiar toda tu mentalidad en una que sea positiva y llena de motivación. Si bien esto puede parecer difícil al principio, siempre es posible. Si tú o alguien que conoces está luchando, anímalo con algunos pasos en una dirección positiva. Libérate del ciclo que te retiene y deja que te traten bien porque eso es lo que te mereces.

Si deseas explorar más a fondo la información sobre la dinámica de las relaciones y mejorar tu vida romántica y de citas, considera los libros complementarios a la serie, escritos por mí, Kara Lawrence. "Toxic Magnetism", cubre el origen oculto de por qué las personas sensibles son atraídas tan a menudo por los narcisistas y se encuentran repitiendo patrones de relaciones malsanas. "Empath Awakening" puede ayudar a las personas sensibles a dejar de absorber el estrés y las emociones negativas a su alrededor para que puedan vivir vidas más felices. Y "Invisible Abuse" ayuda a los lectores a entender las tácticas de manipulación escondidas de los narcisistas que pueden ser difíciles de detectar sin el conocimiento adecuado.

Si disfrutaste leyendo este libro o te ha llevado algo útil a tu vida, por favor considera ayudar al autor a producir más libros como éste dejando una reseña. Gracias, y ¡buena suerte en tu viaje hacia un futuro saludable!

Referencias

Burney, R. (2015). Request Rejected. Obtenido de

http://joy2meu.com/jump_start_recovery.htm

Lohmann, C.R. (2013). Codependency in Children. Obtenido de https://www.psychologytoday.com/us/blog/teen-angst/201310/codependency-in-children

Codependency Test | 9 Codependent Signs. (2014). [YouTube]. Obtenido de https://www.youtube.com/watch?v=OS1RP_-njwQ

Gunnars, K. (2018). 8 Common Symptoms of Food Addiction. Obtenido de https://www.healthline.com/nutrition/8-symptoms-of-food-addiction

Horton, M. (2018). 10 Warning Signs You're In a Codependent Relationship. Obtenido de m https://psychcentral.com/blog/10-warning-signs-youre-in-a-codependent-relationship/

Hurst, K. (2019). How To Love Yourself And Be Confident With These 15 Self-Love Tips. Obtenido de http://www.thelawofattraction.com/love-your-self/

Jantz, G. (2018). Codependency and Emotional Abuse. Obtenido de https://www.psychologyto-day.com/us/blog/hope-relationships/201810/codependency-and-emotional-abuse

Lancer, D. (2018a). 10 Ways to Love Yourself and Heal from Codependency - dummies. Obtenido de https://www.dummies.com/health/mental-health/codependency/10-ways-to-love-yourself-and-heal-from-codependency/

Lancer, D. (2018). Recovery from Codependency. Obtenido de https://psychcentral.com/lib/recov-ery-from-codependency/

Ni, P. (2015). 14 Signs of Psychological and Emo-tional Manipulation. Obtenido de https://www.psychologytoday.com/us/blog/com-munication-success/201510/14-signs-psychologi-cal-and-emotional-manipulation

Rosenberg, R. (2018). The History of the Term, "Codependency." Obtenido de https://blogs.psych-central.com/human-magnets/2013/11/the-histo-ry-of-the-term-codependency/

Smith, M. (2019). Narcissistic Personality Disorder - HelpGuide.org. Obtenido de https://www.helpguide.org/articles/mental-disorders/narcissistic-personality-disorder.htm

Sommer, C. (2019). Single Post | Grace Unfolding with Caitlin. Obtenido de https://www.graceunfoldingwithcaitlin.com/single-post/EMPATHS-VS-CODEPENDENTS-VS-NARCISSISTS

The Roots of Codependency - Outpatient Addiction Treatment. (2016). Obtenido de https://lastingrecovery.com/the-roots-of-codependency/

Vieira, K. (2019). Codependency vs. Dependent Personality Disorder. Obtenido de https://www.therecoveryvillage.com/mental-health/codependency/related/codependency-vs-dpd/

What Is Self-Soothing and Why Is it Beneficial? (2018). Obtenido de https://www.nycsleeptraining.com/what-is-self-soothing-and-why-is-it-beneficial/

Did you love *¿Soy Codependiente? Y ¿Qué Hago Al Respecto? - Recuperación de la Codependencia en Las Relaciones, Cómo Dejar de Controlar, Enfrentarse a Un Narcisista Como Un Empático o Una Persona Muy Sensible*? Then you should read *Abuso Invisible - Profunda Recuperación y Sanación de Relaciones Para Empáticos Emocionales y Personas Altamente Sensibles del Narcisismo Pasivo-agresivo, y Síndrome de Abuso Narcisista*[1] by Kara Lawrence!

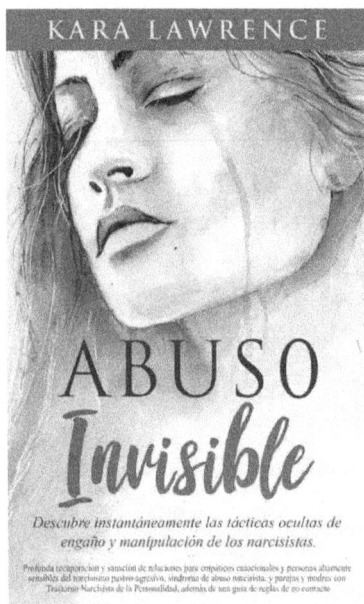

A veces te preocupa que tu pareja sólo te "aguante".

---

1. https://books2read.com/u/3yElaL

2. https://books2read.com/u/3yElaL

Te hacen sentir que te están tolerando, no invirtiendo en ti como lo haces con ellos, y esto te hace sentir solo, incluso en una relación.

Aunque estas dos señales de advertencia comunes pueden hacerte sentir que algo está "mal" en ti, en realidad indican claramente que puedes estar en una relación con un narcisista, y no debes ignorarlas.

También es posible que tu pareja sea muy controladora, hasta en lo que usas o comes. Puedes sentir que estás caminando con precaución a su alrededor, que no se siente cómodo o a gusto (este es uno grande).

Si este es el caso, es posible que estés sufriendo el Síndrome de Abuso Narcisista. Y ahora has dado el primer paso hacia la recuperación: buscar la verdad.

Orientarse adecuadamente es fundamental para aquellos que sufren bajo un narcisista porque, como puedes haber observado, el narcisista a menudo afirmará su realidad sobre ti. Esto puede nublar tu juicio y hacer muy fácil aceptar un comportamiento que no es ni normal ni saludable.

Y lo peor de todo es que las tácticas abusivas de los narcisistas son casi siempre encubiertas, lo que hace que sean difíciles de detectar, y que le dan al narcisista una "negación creíble" cuando te enfrentas a ellas, lo que puede resultar en argumentos muy frustrantes que parecen no ir a ninguna parte.

Respira hondo. Si te sientes culpable, es sólo la voz del narcisista la que habla en tu cabeza. El único propósito de este libro es desenredar esa red que el narcisista ha tejido para que puedas tener una visión clara de la condición, tomar los pasos para sanar de cualquier trauma que haya ocurrido, y prevenir que vuelva a suceder.

Dentro de estas páginas encontrarás:

Las seis sorprendentes señales de advertencia del Síndrome de Abuso NarcisistaUn truco fácil para detectar siempre a un narcisista rápidamente y sin esfuerzoArmas simples pero indefendibles para desarmar al narcisista encubiertoLa sorprendente verdad acerca de por qué los empáticos y la gente sensible se sienten atraídos por los narcisistasLa herramienta más poderosa para la sanación del abuso narcisistaMétodos específicos de recuperación para los narcisistas en tu familia, incluyendo las madres narcisistas¡Formas efectivas de protegerse de futuros abusos y no volver a tolerarlo nunca más!

Y mucho más...

¡No dejes que un narcisista te convenza de que no pasa nada! O peor, que tú eres el problema. Puede que hayas intentado abordar el problema antes, y sientas que no hay esperanza de cambio, pero armándote con los hechos puedes revisar completamente tu perspectiva y tus resultados. ¡Toma el control sobre cómo abordas las relaciones en tu vida! **Empieza a leer hoy.**

Also by Kara Lawrence

de Controlar, Enfrentarse a Un Narcisista Como Un Empático o Una Persona Muy Sensible

Abuso Invisible - Profunda Recuperación y Sanación de Relaciones Para Empáticos Emocionales y Personas Altamente Sensibles del Narcisismo Pasivo-agresivo, y Síndrome de Abuso Narcisista

Atracción Tóxica: Cómo y Por Qué Los Empáticos Atraen a Los Narcisistas - La Guía de Supervivencia, Recuperación y Límites Para Personas Altamente Sensibles Que Se Sanan del Narcisismo